JN084665

父性教育論

杉浦省三
Shozo Sugiura

丸善プラネット

まえがき

日本は元来、母性社会と言われている。様々な共同体を単位とし、集団主義と「和」を尊重する社会である。

しかし、近年、日本は急速に父性化が進んでいる。従来の平等的価値観が衰退し、代わりに能力主義が拡がっている。終身雇用や年功序列も崩壊し、非正規職員、社会的弱者、困窮者などが増加した。無縁化する地域社会で、人が孤立して生きるようになった。

このような社会情勢の変化とは裏腹に、家庭や学校では、相変わらず母性色の強い〝平等教育〟が蔓延している。そのような平穏な環境で保育された「いい子」たちは、野生の厳しさに耐える力が弱い。社会で直面する様々な「ストレス」に戸惑い、ハラスメントを訴える。常に「〇〇のせい」にする。精神疾患を患い、退職・転職する、引きこもる……。社会の荒波に呑まれ、溺れているのだ。

「一人前の社会人になって、自立しなければ」と強く念ずる自分、そして家族。その一方で、どうすることもできない自分自身がいる。

「このままでは、いけない。何とかしなければ……」　その葛藤が、自分を苦しめる／追い詰める。何年も、何十年も……。

大学教員である私の周りにも、前途多難を予感させる学生が多い。教師として、「何とかしなければ～」という思いに駆られる。しかし、今日の学校環境にあっては、鍛える教育（父性教育）など、できない、許されない。学生が厳しさを嫌う限り、父性教育の出番などない。

さらに、父性教育の効果が表れるのは、何年・何十年も先のことだ。学生がその将来を、いま予見できるはずがない。教師が父性の必要性を説いたところで、学生からは精神論だの古い価値観だのと、一笑に付される。

では、どうすればよいのか？

やはり、学生自らが、父性の重要性・必要性を「何とか」理解し、それを内面化(Internalization)する必要がある。すなわち、父性を「自己教育」の機軸に据えるしかない。令和の時代は、自分で自分を鍛えるしかないのである。

人が生きるのは、苦しむためでも、耐えるためでもない。喜ぶためだ。しかし、ひ弱なままでは、人生、苦しみが多すぎる。些細なことや、何でもないことが、苦痛になってしまうからだ。そして、その苦痛から逃れるため、臆病になる、引きこもる。あるいは、安易な選択に走ってしまう。

だが、人は強くなることで、苦をはね返すことができる。苦が無くなれば、楽になる。楽が多くなれば、楽しくなる。楽しければ、そこに生きがいを感じることができる。すなわち、強くなれば、人生に喜びが多くなる。

もちろん、例外はある――運のよい者、そうでない者。それでも、強い者は十中八九たくましく生きている。そして、生きる喜びを何とか手にしている。失敗しても、挫折しても、それを乗り越える「強さ」を持っているからだ。

教育の最高責任者は「自分」だ。若いうちに、自分で自分を鍛えること（自己研鑽に励むこと）――それが、将来を生きる筋力となる。人生の正解は、喜びである。本書が、その布石となることを心より願う。

本書で述べた事柄は、多くの資料、情報および著者の内外におけるこれまでの現場経験をもとに考察した「私見」であって、著者の所属する教育機関の内情や理念を表すものではない旨を、お断りしておく。また、本文はコロナ禍以前に執筆したものであり、そのため現状にそぐわない箇所があることを付言しておく。

（装画　大学の授業風景）

もくじ

第五章　教育に体罰は必要　175

第一章

「無教育」は無自覚の難病

「洞窟の比喩」は父性教育

「海外に住むことで、物の見方や考え方の可能性が広がり、新しい価値観を得られるような気がするが、それが十分価値あることなのか、よく分からない。そもそも、食事、習慣、文化など、海外よりも日本のほうが居心地がよい。だから、あえて海外に行きたいとは思わない」

これは、大学生の書いたレポートから抜粋した文章である。なるほど、言いたいことは、よく分かる。私自身も海外で（十五年）暮らすまでは、これと同じ「よく分からない状態」だった。海外など、自分には無縁の世界だと思っていた。

この状態について、分かり易く答えている有名な寓話がある。西洋哲学史上、最も重要な概念とされるプラトンの「洞窟の比喩」（『国家』第七巻）である。ハーバード大学教育大学院の「教育哲学」の教授がそう言っていたから、多分間違いないだろう。

二四〇〇年も前に書かれた話だが、今読んでも、全く古さを感じさせない。何とも奇妙なことだ。二四〇〇年前、それは日本がまだ縄文時代の頃の話である。

西洋哲学史は、プラトン哲学への脚注にすぎない（ホワイトヘッド・英国の哲学者、数学者）The safest general characterization of the European philosophical tradition is that it consists of a series of footnotes to Plato. -Alfred North Whitehead, Process and Reality

「洞窟の比喩」は、「教育と無教育に関し、我々人間の状態が、どのように違うか？」というくだりから始まる。その洞窟の中で、人々は〃世の中〃の様々なことを勉強する。多くの知識・常識を教え込まれ、よい学校・よい会社に入り、地位や名誉を授かり、何度か表彰もされ、一生を終える。

プラトンは、このような人間を、無教育の哀れな（悟りのない）終身刑の囚人に喩えている。

囚人たちは洞窟の中で生まれ、洞窟の中で一生を終える。外（そと）の世界を知らぬがゆえに、自分の哀れさ・無知さに気付かないのが特徴だ。洞窟から出て、外の世界（リアリティ・reality）を体験すること――プラトンはこれを「真の教育」としている。

住み慣れた洞窟から出るとき、囚人Aは嫌がり、激しく抵抗する。しかし、〃教育者〃は、困惑する囚人Aを「力ずくで」外の世界に引きずり出す。外の世界を体験するとは

（洞窟の外のことを、本やテレビで見たり、学校で勉強したり、洞窟の外を短期間旅行したりすることではなく）洞窟の外で「一人無防備に生きる」ことを意味する。最初は、外の世界（異環境・異文化）に適応できずに苦しむが、次第に順応し、理解していく。

洞窟から出た囚人Aは、外界（思惟の世界）の様々なイデア（実相）、特に「善のイデア」（Form of Good）を理解する。そして、善のイデアからくる義務感、および愛国心から、洞窟の旧友たちを次第に哀れむようになる。

囚人Aは洞窟に戻り、旧友たちに対して、「外には真の世界（reality）がある」と熱心に説くのだが……。

旧友たちはこれを、「馬鹿げたこと」「突拍子もないこと」として、囚人Aを嘲笑の的にしてしまう。「洗脳された愚か者」だと蔑む。さらに、自分たちを洞窟から外の世界に連れ出そうと企てる囚人Aを、「危険分子」とみなし、殺してしまおうとする。（なお、囚人Aはソクラテスを想わせる描写である）

昔、ギリシャにソクラテスという賢人がありました。ソクラテスは若い時から国を愛する心が深く、三度も戦争に出て、国のために勇ましく戦いました……

（『尋常小学修身書』より）

一方、洞窟の中では、「世間の常識」を唱える者が〝正しき者〟として、最も大衆の共感を集め、人望を得る。多くの人は、洞窟の中の世俗、すなわち自分に染み付いた文化、常識、価値観などを、無意識のうちに、排他的に尊重している。これが「無教育の状態」である。

洞窟の中で囚人たちは、影絵によって作られた「影」（似像、模像）を、真の事象すなわち常識だと、百パーセント信じている。現代、この「影」に相当するものは、テレビ、パソコン、書籍、授業などがもたらす膨大な量の情報であり、これらをシームレスに編集したのが、仮想現実（virtual reality）である。

仮想現実をテーマにした映画『マトリックス』も、この「洞窟の比喩」をモチーフにしている。いずれの場合も、囚人たちは、仮想現実を真の現実（true reality）と思い込んでいる。

井の中の蛙、大海を知らず（意味　井戸の中の蛙に、海の話をしても分からないのは、狭い自分の世界しか知らないからだ）『荘子』秋水篇「井蛙不可以語於海者、拘於虚也」

見えない洞窟・見えない自己

「洞窟の比喩」の概要は上記のとおりだが、実世界では、「洞窟の外に出たか否か」分からない（確認できない）。洞窟の外が、本当に真実（reality）だという証明もできない。洞窟の外が、別の洞窟への入り口かもしれない。あるいは、洞窟の外が「別の更に大きな洞窟の中」にあるのかもしれない（ad infinitum）。

さらに、いま生きているこの世界が、実世界なのか、仮想現実なのか、誰も分からない。すなわち、洞窟から出た囚人Aが、リアリティ（Forms, Ideas）の識者とはいえず、また、識者と驕ること自体、思い上がり（危険）である。

洞窟の外は、ひとつの異環境・異文化にすぎない。しかし、そのような〃異なるもの〃を多く経験し、その本質をつかみ、多面的に全体（whole）を俯瞰することで、弁証法的な絶対知（Absolute Idea; Ultimate Reality）——すなわちイデア（実相）——に近づくことはできる。このような帰納的方法が、人間の認識能力の限界だろう（ヒュームの幻影が消えない）。

現象界（すなわち可視界・感覚界）では、物事の本質であるイデアを「想起」することで、諸々の事物を正しく認識することができる。したがって、イデア（実相）の認識こそ、真の教育と呼べるものである。

では、このイデアの最高峰とされる「善のイデア」(Form of Good) とは何のことか？——全ての徳性、英知、幸福、あるいは演繹法の大前提となる絶対的なものと解される。現象界における太陽にも例えられる。「善のイデア」を認識し、体現できるのは、神的な者（天子、聖人君子など）である。国家を統一する「哲人」にも、このような資質が必要とされる。

一方、善のイデアを国家統治の目的論に沿って解釈するなら、善のイデアとは、プラトンの四元徳（知恵・勇気・節制・正義）が目的とする「正義」、あるいはそれが実現した理想国家そのものを指すのかもしれない。

> それとも君は、こういうことに気づいたことがないかね。世には「悪いやつだが知恵はある」と言われる人々がいるが、そういう連中の魂が、とても鋭い視力をもち、その視力が向けられている事物を鋭敏に見とおすということに？（プラトン『国家』第七巻、藤沢令夫訳、岩波文庫）For you must, ere this, have noticed

how keen-sighted are the puny souls of those who have the reputation of being clever but vicious, and how sharply they see through the things to which they are directed.… -Plato, The Republic, Book VII

プラトンの「洞窟の比喩」、特にイデア論は、高校の倫理の教科書に必ず記載されている内容である——ただし、原典と違う記述が多く残念。例えば、洞窟の外に出るのは「逃避」などではなく、（教育者が）嫌がる囚人・臆病な囚人を、力ずくで外へ引きずり出す。すなわち、囚人たちは、明らかに「引きこもりの状態」にある。

囚人たちは、まず洞窟の中の松明の火（光）に対して、目の痛みを訴え、逃げようとする。さらに洞窟の外では、太陽の光に対して、同様に目の痛みを訴える。しかし、いずれの場合も、苦痛に耐えることで、徐々に光に慣れていく。そして、物事の本質であるイデアが見えるようになる。このイデアの認識が、プラトンの言う「教育」を意味している。

特筆すべきは、この一連の過程は、（囚人にとって）大いなる苦痛であり、イヤなことであり、そして強制であること。しかし、その到達点（イデアの認識）に至っては、「自分のために幸せなことであった」と悟ることである（『国家』第7巻516C）。——すなわち、プラトンの言う「教育」とは、父性的な行為に他ならない。

もし誰かが彼をその地下の住いから、粗く急な登り道を力ずくで引っぱって行って、太陽の光の中へと引き出すまでは放さないとしたら、彼は苦しがって、引っぱって行かれるのを嫌がり、そして太陽の光のもとまでやって来ると、目はぎらぎらとした輝きでいっぱいになって、いまや真実であると語られるものを何ひとつとして、見ることができないのではないか？　（プラトン『国家』第七巻）

And if someone were to drag him violently up the rough and steep ascent from the cavern, and refuse to let him go till he had drawn him out into the light of the sun, would he not, think you, be vexed and indignart at such treatment, and on reaching the light, would he not find his eyes so dazzled by the glare as to be incapable of making out so much as one of the objects that are now called realities? -Plato, The Republic, Book VII

「洞窟の比喩」は、時空を超えた教育論で、現代もなお教育哲学の中心に息づいている。

もちろん、このような教育論は、教育者（教師、教育専門家）のためにあるのではない。

教育論を学ぶ第一の目的、それは自分自身の教育・成長のためである。

思春期以降においては、自分が「教育の総監督」であり、「最高責任者」である。主体的・能動的に学ぶことが、教育の要である。

今どきの学生は、真面目な〝よい子〟が多い。高学歴で、物知りで、敬語も知っている。どこで覚えたか、「先生を喜ばす作文の文言」まで知っており、感心する。それが、作文の〝正解答案〟だと思っているのか。あるいは「承認欲求」が目的なのか。

しかし、自分で考え、自主的に行動できる学生が少ない（指示待ち型）。海外留学者数（短期を除く）は、二〇〇四年のピーク時に比べ、七割弱にまで減少した（内向き志向）。米国への留学者数（大学＋院）も、二〇〇〇年頃は、日本、中国、インド、韓国がほぼ同数だったのが、二〇一七年には、日本は中国の二〇分の一、インドの一〇分の一、韓国の三分の一となった……。青年海外協力隊への応募者も、10～20年前の五分の一だ……。

さらに、留学の質・内容も大きく変化している。すなわち、至れり尽くせりの海外旅行と化している（特に短期留学）。これでは、主体性や行動力を伸ばす「教育効果」など、殆ど期待できないだろう。

「憶病」という難病が、日本の若い世代を蝕（むしば）んでいるようだ。だが、「憶病」では自分の欠点となり、自己肯定感を害する。だからこれを「経済的理由」「語学力不足」など、様々なすり替えの理屈（逃げの言い訳）でごまかしている。「〇〇だから仕方がない」「別に〇〇する必要はない」など、「できない理由」「やらない理由」を探し出して、安心しているのである。

不安から逃れるため、同類の友人同士が集まり、同じような考え方・同じような行動をする。自分と同類の人々としか交わらないのは、「精神的に引きこもりの状態」だ。自分たちの世界（同じ世代、同じ組織）に固有の文化や価値観——すなわち自分たちの殻——に閉じこもっている「洞窟の囚人」そのものである。

そもそも教育というものは、ある人々が世に宣言しながら主張しているような、そんなものではないということだ。彼らの主張によれば、魂のなかに知識がないから、自分たちが知識をなかに入れてやるのだ、ということらしい——あたかも盲人の目のなかに、視力を外から植えつけるかのようにね。・・・教育とは、向け変えの技術にほかならない。それは、その器官のなかに視力を外から植えつける技術ではなくて、視力ははじめからもっているけれども、ただその向きが正しくなくて、見なければならぬ方向を見ていないから、その点を直すように工夫する技術なのだ（プラトン『国家』第七巻））Education is NOT what some declare it to be; they say that knowledge is not present in the soul and that they put it in, like putting sight into blind eyes. Education then is the art of doing this very thing, this turning around, the knowledge of how the soul can most easily and most effectively be turned around; it is not the art of putting the capacity of sight into the soul; the soul possesses that already but it is not turned the right way or looking where it should. This is what education has to deal with. -Plato, The Republic, Book VII

教育の対義語は引きこもり

「洞窟の比喩」では、教育は本来どうあるべきか、を説いている。これが「教育」すなわちeducationの語源的意味に合致することは、注目に値する。しかし、「洞窟の比喩」がeducationの語源とする論文や専門書は（私の調べた限り）見当たらない。よって、この点について、少し考察しておきたい。

英単語も学名（生物の科学名）も、漢字の「へん」と「つくり」のように、二〜五の部分から構成されている。例えば、Biologyは、生物学という意味だが、これはギリシャ語のBio（生命の）と、ギリシャ語の-(o)logy（〇〇学）という二つの部分から成る。同様に、教育する（e-duc-ate）は、三つの部分から成る。

最初の「e-」は、ラテン語の接頭辞ex-やec-の短縮形で、「外へ」という意味がある。続く「duc」は、ラテン語の「導く、引き出す」の意で、conduct, produceなど、多くの単語に使われている。最後の「-ate」は、ラテン語の接尾辞「する、させる」の意で、concentrate, liberateなど、やはり多くの単語を形成している。

このように、教育educateの語源的意味は、「外へ導く、引き出す」ということになる。すなわち「洞窟の比喩」の通りである。

一方、educateの語源とされるラテン語educareは、educereの反復相で、やはり上記のように、e-（外へ）ducere（導き出す、引き出す）の意がある。これを繰り返す（反復する）ことで、様々な実相（イデア）を知る、すなわち真理を知る、という解釈ができる。

しかし、「洞窟の比喩」の寓話は、古典ラテン語の年代よりも更に古いことから、educateの本来の語源である可能性は否定できない。

古代ギリシャ語で「教育」を意味する言葉は、παιδεία（paideia・パイデイア）である。パイデイアとは（三省堂『大辞林』によると）「ギリシャ思想の根底に流れ、のちキリスト教に受け継がれた教育理念で、本性（個性）を覚醒させ、本来の方向に向けかえ、真の認識に慣らす過程をいう」とある。これは、上記のように、「洞窟の比喩」に書かれている通りである。

一方、「教化」や「啓発」を意味するenlightenにも、同じような意味がある。「en-」はギリシャ語の接頭辞「~させる」の意で、envision, ensureなど、多くの単語に使われている。続く「light」は「明るい」の意、最後の「-en」は、形容詞を動詞に変換する接尾辞で、fasten, sweeten, strengthenなど、多くの例がある。

すなわちenlightenとは、明るく照らして「真理に気付かせる」という意味がある。これは、洞窟の外（思惟の世界）におけるイデアの認識を表しているのだろう。

教化（enlighten）という言葉は、五経のひとつ『礼記』に由来し、日本では江戸時代まで、教育の意味で用いられていた（江戸後期から「教育」という言葉が普及した）。教化の本来の意味は「徳によって人を善に導くこと」で、仏教用語にもなっている。これもまさに、善のイデアを説く「洞窟の比喩」と一致している。（「教」の意味については後述）

一方で、多くの書籍、文献などによると、教育の語源的意味は、「人の持つ諸能力（才能）を引き出すこと」と記されている。もちろんこれは「洞窟の比喩」とは異なる解釈である。残念ながら、この解釈の根拠（特に才能や能力の出処・出典）は明らかでない。

「教育とは本来どうあるべきか？」「正しい教育とは何か？」——上記の語源的考察を総括すれば、次のことが言えるのではないか。すなわち、教育とは「引きこもりの人間を外へ引きずり出すことで、固定観念から脱却させ、善をはじめとする諸々の真理（イデア）に気付かせること」である。

同の文化は教育殺人

「洞窟の比喩」は、プラトンの教育論を象徴する記述である。しかし、こと日本ではイデア（の認識論）のみが重視され、教育論に関しては、驚くほど軽視されている。これは一体どうしたことか？

恐らく、日本は（極東の島国のため）、その文化も言語も価値観も、世界から孤立した洞窟の中、すなわち「無教育の状態」にあることが原因ではないか？　つまり、「洞窟の比喩」を肯定すると、日本の多く（特に和の文化、馴れ合いの集団主義）が否定されてしまう……。

日本人は古くから「和」を第一に尊重してきた。『十七条憲法』（聖徳太子）の第一条冒頭にも「以和為貴。無忤為宗」とある。意味は、「和を何よりも大切にせよ。逆らわないことを、宗教のように重んぜよ」となる。

更に古きは、『論語』にも「和」の記述が多く出てくる。しかし、論語の和は、日本での和とかなり異なっている。例えば、「君子は和して同ぜず、小人は同じて和せず」という有名な記述がある。ここで明確に「和」と「同」の違いを説いている。一方、日本では、和を為すために「同」が重視されているようだ。

確かに「同」であれば、和を築きやすい。集団心理である。例えば、同じ意見（共感）、同志（仲間）、同じ服（ユニフォーム）など、同質性によって和を成している。髪型、顔形、ファッション、持ち物、分譲住宅など、いずれも同じような形・様式をしている。まさに驚嘆に堪えない。昔から「同じであること」が染み付いているのだ。反対に、同じでない場合は、和（調和）が乱れ、イジメ、陰口（密告）、無視、出る杭などの修正心、排除心、嫉妬心などが集団内に発生し、和を維持しようとする。

小中高でも、「皆と同じ」でないと、厳しく修正される。型枠にはめて同じ規格の商品を作るように教育される。特に相互監視（密告）が不良品を許さない。「同の文化」は、個性や独創性まで否定・修正し、「金太郎飴」のような人間ばかり製造する。そのような人間が、ロボットのような紋切り型の言動をしている。

物事を「する・しない」の判断も、行為の良し悪しをしっかり考えて判断するのではなく、皆がそうだから自分もそうするのが当然（＝正しい）という思考回路に依っている。右を見て左を見て、あるいは前例を見て判断、いや単にマネをしている。建前では「個性の尊重」を唱えながらも、実際は、態度も格好も、言葉遣いや考え方まで、画一化されている。

日常会話やテレビ番組でも、「○○ですよね」「○○だよね」「○○じゃないですか」など、さりげない同調圧力をかけ、同時に「距離感」をいちいちチェックしている。他愛ない会話（世間話 Small talk）にも余念がない。意見や波長が合わない人間は、すぐに敬遠対象となる。

同質性の高い集団では、とかく異質のものが標的となりやすい。特に近年は（普通でない者に対して）すぐに「○○障害」など、細かな病名をつけ、欠陥人間のようなレッテルを貼りつける。これは同調圧力の強い日本において、イジメの口実となる。無視、陰口、仲間外しなどを正当化させ、エスカレートさせる。

学校でのイジメに反対する大人たちが、社会では自ら陰湿なイジメや嫌がらせ、背徳行為などを行い、それを自己正当化している。イジメは同の文化に内蔵された〝自動修正機能〟なのだろう。

一方で、個性的（異質）な人間も、同類同士が馴れ合い集団（派閥、グループなど、同の文化）を形成する――類は友を呼ぶ。弱い自我は、不安で承認欲求に飢えているからだろう。自己肯定感を高める（安心する）ために、同類同士が集まり、互いに共感する必要があるのだ。あるいは、権力（権威）にすがり、一体化することで、安心感・安定感（帰属意識）を得ようとする。

ある統計調査によると、日本の企業が新入社員に求める要件として（ダントツ）第一位が、コミュニケーション能力となっている（第二位は主体性、第三位は協調性）。このコミュニケーション能力を因子分解すると、どのようになるか？　コミュニケーションが円滑にできる人を想像すれば分かることだ。それらは、明るさ、協調性、礼儀、そして、チームワーク――すなわち、和の文化そのものである。

このように、日本では昔から「和」を目的とした手段として「同が正しい」とされてきた。日本の「和の文化」は「同の文化」（集団主義）であり、異質排除型文化である。強力な同調圧力のため、他人の目を過度に（常に）気にする。皆が皆のマネをする。空気を読む。自分らしさ（自由意思）を抑制する。無思考人間・指示待ち人間を醸成する文化である。

こうした同の文化は、西洋の「個の文化」と対極の関係にある。安岡正篤の言葉を引用すれば、西洋文化が「主我的」「個我的」「個人主義的」であるのに対し、東洋文化は「没我的」である（『活眼 活学』より）。

リーダーの役割においても、西洋のリーダーが支配統率型（軍司令官型、父性型）なのに対し、日本のリーダーは調和協調型（民主型、母性型）、あるいは実質的なリーダー不在（多数決型）のことが多い。

「同の文化」は、まさに洞窟の中の同質社会、閉鎖社会、村社会、集団秩序、狭い視野などを表している。日本は「無教育の囚人集団」が住む巨大洞窟。羊のように従順な国民（特に庶民）は、同の文化を象徴している。

その羊たちが、洞窟から出て自我に目覚め（思考停止から解放され）、一人一人が「生きる目的」などを考えだしたら、まとまりがつかなくなる。社会が機能不全に陥る。洞窟の「同の文化」は、そうならない（そうはさせない）ための、国の巧妙な政策かもしれない。

> 自己自身を失うという最大の危険が、世間では、まるで何でもないことのように、いとも平静に行なわれている（キルケゴール・デンマークの哲学者、『死に至る病』）The greatest danger, that of losing one's own self, may pass off as quietly as if it were nothing; every other loss, that of an arm, a leg, five dollars, a wife, etc., is sure to be noticed. -Sören Kierkegaard, The Sickness Unto Death

> 群れを離れ一人になるのが、自身の成長と成功に最も必要なことだ（エマーソン・米国の詩人）Withdrawal from the herd best fosters development and accomplishment. -Ralph Waldo Emerson

近年はＳＮＳの普及により、人々は匿名でホンネを語る時代になった（その多くは、いまだ洞窟囚人の世間話にすぎないが）。在日外国人、帰国子女、海外転勤族などの増加によって、多様な文化・違う価値観が、日本にも急速に押し寄せている。今後、「同の文化」は否応なく浸食されていく。

個性（の多様性）は、世界中の多くの国々で尊重されている。日本はいまだ後進国――多様性への寛容は低い。しかし、近年よく聞かれる「主体性」「自己実現」「自分探し」「考える力」などは、いずれも個の文化・意識を表すもの、すなわち個の尊重を唱えるものだ。

さらに、近年よく耳にする「閉塞感」や「息苦しさ」とは、言い換えれば「洞窟感」あるいは「洞窟の囚人感」ということだろう。すなわち、閉塞感（囚人感）が増しているのは、昔に比べて、人々の「個の意識」が成長している証拠だろう。それとも、これは個々人が自由奔放（ワガママ、自己中）になっていると解釈すべきか。

個人の特性（すなわち個性）は、人と違うからといって、安易に否定してはいけない。逆に、そのようなものは、目ざとく見つけて伸ばしてやらないといけない（もちろん個性とワガママ、悪癖、欠点などを混同してはいけない）。

個性を一様に否定する日本の「同の文化」「同の教育」は、個人の才能の芽までも摘み取り、自己肯定感を無くす「教育的殺人」というべきものである。

> 自分の周囲にいる多くの人間の群れを見ているうちに、様々な世俗的なことに忙しく携わっているうちに、自己自身を忘却していまい、あえて自分を信じようとせず、自己自身であろうなどとは大それたことで、他の人々と同じようにしているほうが、猿真似をしているほうが、数の一つとなって群集の中に混じっているほうが、はるかに気楽で安全だと思ってしまうのである（キルケゴール『死に至る病』）By seeing the multitude of men about it, by getting engaged in all sorts of worldly affairs, by becoming wise about how things go in this world, such a man forgets himself, forgets what his name is (in the divine understanding of it), does not dare to believe in himself, finds it too venturesome a thing to be himself, far easier and safer to be like the others, to become an imitation, a number, a cipher in the crowd. -Sören Kierkegaard, The Sickness Unto Death

教育の機軸は「自己教育」

幼少期から親・教師に従順に育った子どもたち——大人の言いなりに行動することが、正解だと思い込んでいるのだろう。定型学習に終始し、褒められて育った「いい子」たちは、自我の〝角〟をことごとく削られてしまった。みんな同じ丸い石ころになっている。自我（個性）が不在なのだ。

だから、青年期になってもアイデンティティ（自我同一性）はいまだ確立せず不安定だ。自分が分からない状態に陥っているのである。

集団組織や大衆のなかに埋没した自我（没個性）が、全体の一部品としては有用であっても（また、個人としてラクであっても）、これが「自分の生き方」として望ましいことか否か、自ら判断を下さなければならない時期を迎えている。

自我形成において大切なこの時期、住み慣れた洞窟から出ることで、自己の心のアンテナが「何か」を受信するだろう。このとき、自我同一性が確立し、「自分の人生」が始まる。画竜に目が宿り、天高く自己の針路を駆け上がることができる。

洞窟から出る――プラトンによれば、これこそ〝教師〟の役目である。洞窟に引きこもっている囚人を、嫌がる囚人を、苦痛を訴える囚人を、力ずくで外に引きずり出すのである。もちろん今どき、教師がこのようなことをすれば、直ちにハラスメントにされてしまう。では、どうすればよいのか？

答えは、自分自身が、教師の役割も果たすしかない（すなわち自己教育）。一方の教師としての自分が、もう片方の憶病な自分の手を取り、引きずり出すしかない……。その一抹の勇気を出して、「引きずり出す手助け」を誰かに懇願してもよい。その「誰か」とは、全寮制の学校、訓練所、養成所、長期留学、弟子入りなど。いずれにしても、自ら「最初の一歩」を踏み出すしかないのである。

自己というものは、元来、皆、角（かど）のあるものだ。当然ながら、自己のそうした特性は、研いで尖らされるべきものであって、角を落として丸くすべきものではない。・・・そういう人は、小石のように丸く削られ、硬貨のように流通するのである（キルケゴール『死に至る病』）For every man is primitively planned to be a self, appointed to become oneself; and while it is true that every self as such is angular, the logical consequence of this merely is that it has to be polished, not that it has to be ground smooth,・・・he is ground smooth as a pebble, courant as a well-used coin. - Sören Kierkegaard, The Sickness Unto Death

都会の人間は、袋の中の石ころと同じだ。どれも角がこすれてビー玉のように丸くなっている（サマセット・モーム・英国の小説家） In great cities men are like a lot of stones thrown together in a bag; their jagged corners are rubbed off till in the end they are as smooth as marbles. -W. Somerset Maugham, The Summing Up

第二章

父性の目的

大きな苦労、たくさんの苦労は全て（年長者よりも）若者たちにこそふさわしい（プラトン『国家』第七巻）The wide range of severe labours must fall wholly on the young. -Plato, The Republic, Book VII

厳しいのはイヤ

大学には、教育・研究・地域貢献の三つの役割がある。しかし、これらは学生のニーズではない。学生が、大学に何を望んでいるかを考えれば、自ずとその上位に来るのは、楽しい思い出づくりや、友達づくりだろう。そしてこれにぴったりの教師像は、昔風の「厳格な先生」などではなく、ゆるキャラや保母さんのような「オトモダチ先生」だ。

楽しければ（友達が多ければ）、目的意識の低い学生や、精神面で弱い学生も不登校にならず、みんな仲良く卒業できる。横並びに、手を繋いで卒業できる。つまり、楽しいことは、良いことだろう。では……、楽しくないこと（イヤなこと）は、悪いことなのか？

私は小学生のとき、クラスで最も背が低く、色白でひ弱だった。しかし、学校は一日も休まなかった（休めなかった）。中学・高校も、無欠席だった。全ては、父の躾（しつけ）であった。

学校は楽しくなかった。だが、「学校を休みたい」と思ったことは、一度もなかった。なぜなら、その選択肢は、どこにも無かったからだ。

食べ物の好き嫌いや、食べ残しも、我が家では絶対に許されなかった。毎朝のマラソン（父伴走）、家業の手伝い、体罰（幼児期まで）、「贅沢は敵」など——このような厳しさに反発することはあっても、感謝したことなど、当時は一度もなかった。

要するに、厳しいことは、決して「楽しいこと」ではなく、とても・とても「イヤなこと」だ。しかし、このときの厳しさがなかったら、私は軟弱怠惰な人間になっていたかと思うと、いくら感謝しても、しきれないのだ。一度しかない人生を、救ってくれたのだから。


全ての躾は、そのときには喜ばしいものとは思われず、むしろつらいものである。しかし後になれば、それによって鍛えられた者に、平安な義の実を結ばせるようになる（『聖書』ヘブル 12:11）Now, discipline always seems painful rather than pleasant at the time, but later it yields the peaceful fruit of righteousness to those who have been trained by it. -Hebrews 12:11

「厳しさ」は必要か？

教育、特に心身の教育の本質は、厳しさ（＋乗り越え体験の蓄積）にある。その厳しさには、以下の三つの様態がある。

- 1つめは、外部からの厳しさ（父性、すなわち厳父、コワい先生、師匠、上司、先輩などによる様々な鍛錬・しごき――外発的な厳しさ）、
- 2つめは、内部からの厳しさ（自分で自分に課す厳しさ、習慣、稽古、現自己否定による自己鍛錬など――内発的な厳しさ）、
- 3つめが、必然的な厳しさ（運命、貧困、災難、事故など――回避不能な試練）。

1つめの厳しさについては、既に述べた。昔は、この外発的な厳しさが強く機能していた（硬教育）。これによって、しごかれ、鍛えられ、心身を強くすることができた。さらに、3つめの厳しさ（特に貧困）が、これと相乗的に作用していた。

訓練と思って耐え忍びなさい。神はあなたがたを子として扱っておられるのです。父が懲（こ）らしめることをしない子がいるでしょうか？（『聖書』ヘブ

ル 12:7) Endure hardship as discipline; God is treating you as his children. For what children are not disciplined by their father? -Hebrews 12:7

貧しさによる物資の不足は、自然のうちに人間を鍛えて耐性をつけてくれる。しかし、豊かさは人間を鍛えない。甘やかしはしても、鍛えることはない。当然のことに、耐性は育たない（柴谷久雄・教育学者、『日本人の教育』）

しかし、近年、外発的な厳しさの多くは、（ハラスメント、時代遅れの手法などとして）制限、あるいは禁止されてしまった。その結果、現代人は「自ら進んで」厳しさを求めざるを得なくなった（すなわち、2つめの厳しさ）。これは、極めて難しいことだ。なぜなら、厳しいことは、とてもイヤなことだから。

自分に厳しくするとは、今の自分に満足せず、現状を絶えず否定し、より良い自分を築いていくこと。「こんなことではダメだ」「こんな自分では恥ずかしい」「不甲斐ない」
——内なる声を持つことである。

しかし、厳しさの価値も必要性も、子どもは、まだよく分からない。特に、厳しさの希薄な環境にあっては、なおさらのこと。だから、安易に厳しさを避けるようになる。裕福な環境でしか生きることのできない「ひ弱な人間」になっていく。

自分で自分を厳しく鍛えていくしかない令和の時代は、弱弱しい人間が増殖する。いや、もう十分そうなっている。このままでは、益々弱くなるだろう。

「若い時の苦労は、買ってでもせよ」など、苦労や鍛錬の重要性・価値を説く、ことわざや名言は数多い。プラトンの時代から実に二五〇〇年にもわたって受け継がれる、人類普遍の教えである。苦労を嫌う若者たちは、これと反対の意味のことわざが、一つもないことを、どう説明するのか？　真理は何か、分かり切ったことではないか。

艱難汝を玉にす（意味　人間は苦難を乗り越えることで、立派な人物になる）俚諺 Adversity is the best school.

しかし……、名言もことわざも、所詮は、偉人の価値観だ。「偉くなりたくない」「出世したくない」「平凡・中流がいい」という現代人に、偉人の言葉が響かないのは、当然かもしれない。現代人の理想が、凡人やニートであるなら、そのような人の言葉こそ、現代人にとっては「正解」ということになる。

そもそも、凡人やニートの「名言」など、あるのだろうか？　気になって検索してみると、〝ニートの名言〟なるもの発見。それは、「働いたら負け」というものだ。実は、私も、これに共感を覚えた。

確かに、大学卒業後、毎日、朝から夜まで、興味のない労働を、40～50年も「させられる」のは、苦痛以外の何物でもない。ニートにとって「働く」とは、この「奴隷のような有様」を指しているのだろう。

反対に、毎日、朝から晩まで好きなこと（趣味など）を、やりたい放題できれば、それが「勝ちの人生」ということだろう。

ならば、その理想を叶えるために、努力すればよいことだ。小説家、歌手、名人、セレブ、実業家など、自分の夢を叶えるために、全力で生きればよいのだ。「何もしないでいる」のではなく、「勝つ」ことが、ニートの答えではないのか。

成功者は必ず、自分がやりたいことを仕事にしている（カーネギー・米国の実業家）The men who have succeeded are men who have chosen one line and stuck to it. - Andrew Carnegie

現代人は（昔に比べて）、生まれた時から裕福だ。中流階級（凡人）でもそうだ。特に、母子密着で育てられた子どもは、王子様・お姫様だ。何でもある暖衣飽食の満たされた環境で育った子どもたちは、あろうことか、「欲」を無くしてしまった。

欲のない人間は、現状に満足している。そのため、向上心・上昇志向が低く、努力や苦労の意義を見出せない。（母親の承認欲求なくしては）頑張らない、頑張れない、無気力になる。

現代人の目標が（偉人でなく）、凡人であることが、1つめと2つめの厳しさ——すなわち、避ける・逃げることのできる厳しさ——が失われた根本的な原因だろう。しかし、1つめ、2つめの厳しさを避けることで、3つめの厳しさが、一層大きく立ちはだかることになる。

3つめの厳しさとは、自分の意思に関係なくやって来る「試練」——避けたり、逃げたりすることのできない厳しさである。様々な失敗、挫折、イジメ、パワハラ、過重労働、人間関係、病気、事故など——これらの艱難辛苦に耐え、壁（ピンチ）を乗り越えるには、他でもない、1つめ2つめの厳しさ（訓練）が必要だ。

訓練のできていない者が、突然「試練」に晒されるから、折れてしまう・自殺してしまう。あるいは、試練を恐れて、何事にも「尻込み」してしまう（憶病）、引きこもってしまう（現実逃避）——不安で行動できないのである。

挫折を克服するたびに、人はより賢く強くなる。それが生きる力となるのです（J・K・ローリング・英国の小説家、ハリー・ポッター作者）The knowledge that you have emerged wiser and stronger from setbacks means that you are, ever after, secure in your ability to survive. -J.K. Rowling, Harvard Commencement 2008

もし、耐え難いほどの試練に晒されても、それを何とか克服できればよいが（Post-traumatic growth・心的外傷後成長といわれる）、克服できないリスクも高い（PTSD・心的外傷後ストレス障害）。

例えるなら、ワクチンを接種せずに、死亡率の高い伝染病に感染するようなものだ。ワクチン（1つめと2つめの厳しい訓練）によって、免疫をつけておくことが、未来を果敢に・前向きに生き抜くために重要なことだ。

若年～中年のひ弱な世代は、このワクチン接種が出来ていない人が多いようだ。そのため、3つめの厳しさを克服できない状態に陥っている。自分が信じられない（自分を信じる根拠が、過去に見出せない）――大きな壁を乗り越えた経験がないからだろう。結果として、不登校、引きこもり、同世代の馴れ合い集団の形成、ハラスメント過敏症など、様々な「逃げ」の形となって表面化している。

さらに、自我の未形成（同一性拡散、モラトリアムの遷延）、すなわち「目標や志の不在」が、ひ弱さを一層深刻化させている。生きる力の低下や、無気力症を引き起こしている。将来に対して、希望よりも、不安、恐れ、虚無感などが肥大化している。

人生の初期において最大の危険は、リスクを犯さないことにある（キルケゴール）During the first period of a man's life the greatest danger is not to take the risk. -Soren Kierkegaard

立志の功は、恥を知るを以て要と為す（意味　志を立てて成功するには、恥をかくことが肝心だ）佐藤一斎・江戸時代の儒学者、『言志四録』

父性が生きる力を育む

厳しいことは、イヤなことだ（少なくとも、その時は）。厳しい先生には、「コワい」「話しにくい」などのマイナスイメージもある。中〜高校生を対象とした調査でも、理想の先生の第一位が、「話しやすい先生」となっている。やはり、（保母さんや、オトモダチのような）母性的な先生がいいのだろう。

別の統計調査によると、（高校生が）困ったことや、悩みがあったときに相談する相手として、最も多いのが友達。二番目に多いのが母親である。父親は三番目だが、母親の半数にも満たない……。

例えば、このようなシーンを想像してみよう。いま、何か悩み事があって、保健室のドアをノックしたとする。中から「入れ！」と怒鳴り声がした。恐る恐るドアを開けると……、そこには無表情の星一徹がいる。このような場合、多くの人は、「あ、部屋を間違えました」と言って、二度とその保健室には近寄らなくなるだろう。

反対に、明子姉ちゃんが、「どうしたの、かわいそうな飛雄馬」といって頭をなでてくれたら、今度からは、わざと怪我をしてでも保健室に行きたくなるのではないか。前者は父性、後者は母性を象徴的に表している。心地よいのは、言うまでもなく母性だろう。

では、もし一徹がいなかったら（もし明子姉ちゃんに毎日甘えていたら）、飛雄馬は、どんな人間になっていたか？——これは想像するのも、おぞましいことだ。父性原理（厳しさ）は、「将来の自立・成功のために」必要なものだ。

反対に、もし明子姉ちゃんがいなかったら？　恐らく、一徹の厳しさに反発し、家出、非行など、何らかの逃避が起きただろう。父性と母性は、両方が必要である。


例えば、十歳以下の子どもを祐筆（事務官僚）にしようとは、大変なことである。手習いを怠れば、縛る、鞭打つより他にない。子どもは、智のない者だからである。しかし、成長した後は、手習いしなかった時に縛ってくれたその人の恩を忘れられぬようになる。もしそのときに捨てて置かれたら、今に至っては、さぞさぞ苦しい境遇に陥っていただろう、と思うものだ（海保青陵・江戸後期の儒学者、『経済話』）

母性愛は、優しさ、癒し、安らぎなどの保護愛であるのに対し、父性愛は、将来の自立(生きる力を付けさせること)を目的としている。両者が適切なバランスで与えられることが、子の健全な発育において重要だ。しかし、近年の教育、特に家庭教育は、母子一体(母子密着)と言われるように、母性が強すぎることが多い。

父親が(イクメンとして)子育てを行なう場合でも、ほとんど母親の代わりになって、母性化(保母化)してしまっている。これは、女性が結婚相手(夫)に、「男らしさ」よりも「優しさ」を、より強く求めるようになったことと、無関係ではないだろう。

しかし、優しい父親は、父性に乏しい。そのため(章末の「母性-父性表」に示したように)父性欠乏症、あるいは母性過剰症が顕在化している。さらに、このような症状は、世代間連鎖する。父性のない社会になっていく。

植物でいえば、母性は、栄養と水分を含んだ土であり、父性は、太陽や風雨である。まずは、母性にしっかりと根を張る(愛着形成)——これがその後の成長の土台として重要だ。しかし、母性のみでは、苗は成長せず、そのひ弱で小さな苗は、花や実をつけることもできない。

父性は、苗が成長する方向を示し、導く。光合成によって大きく成長した地上部は、風雨に耐え、立派な花と実を結ぶ、すなわち、一人前に育つ。もちろん、父性が強すぎれば、苗が虐げられる。

子を知るは父に若くは莫し（意味　父親は自分の子の長所短所を誰よりもよく知っている）『管子』大臣篇、「知子莫若父」

獅子の子落とし（意味　自分の子どもに試練を与えてその能力を試し、りっぱな人間に育てようとすること）俚諺、『太平記・十六』

正解は「金八先生」か「女王の教室」か

学園ドラマを例にとれば、『金八先生』は典型的な母性であり、『女王の教室』（下記）は父性である。金八先生は、生徒に寄り添い、守ることで、様々な困難を共に乗り越える。生徒は先生に「なつく」。敬語などは使わず、タメ口で話す（砕けた言葉も多い）。先生と生徒が、お友達であり、母子なのだ。

そんな〝生徒思い〟の先生に、保護者も全幅の信頼を寄せる。生徒たちは、卒業式で必ず涙を流し、別れを惜しむ。生徒の「いま」を扱う母性の特徴が、明確に描かれている。学園ドラマは数多いが、金八先生は「理想の教師」の第一位にもなっている。これは、子どもも保護者も、母性的な先生を好むことを示唆している。

対して『女王の教室』は、悪魔のような鬼教師（阿久津先生）が、生徒を強圧的に支配する。その意図は、生徒たちの「今」ではなく「将来」にあることは、全ての台詞が物語っている（格言的台詞が多く感心する一方、いくつか暴言的台詞があるのは残念）。

阿久津先生の厳しい指導にもかかわらず、不登校者が全く出ないのは、私立中学合格という明確な目標が示されているためだ。目標もなく、ただ厳しいだけでは、生徒も保護者もついてくるはずがない。他人から押し付けられた目標などではなく、自分が本当に叶えたい目標をもつことが、厳しい教育の前提条件である。

そのためには、生徒に、目標の意義（なぜ私立に合格すべきか、なぜ勉強すべきか）を確実に理解させることが重要だ。阿久津先生の非凡さは、この理由付けの徹底さに表れている。

生徒や保護者の言う「理想の教師」は金八先生だが、これを教師のあるべき姿、と解するのは危険だ。なぜなら、ドラマでは、生徒の「今」しか扱っていないからである。生徒の20～30年後を追跡調査すれば、父性教育の重要性が、浮き彫りになるはずだ。成長の過程（特に、試練、転機、分岐点）で、必ず、様々な形の父性原理が作用しているはずだ。

いい先生と思われるかどうかなんて、どうでもいいですよね。そんなことは、10年後か20年後に、子どもたちが決めることなんだし（『女王の教室』、二〇〇五年テレビドラマ、台詞）

母性が必要か、父性か？　それは、子どもの発達段階、生活環境、心理状態、性格、目指す目標などによって変化する。子どもが、両者を適切に享受できる環境を作ることが重要である。

悩み事を相談できる母性と、厳しく躾ける父性――例えば、父親は父性で、母親は母性（厳父慈母）。父母は父性で、祖父母が母性（憩い場）。あるいは、家庭が母性で、学校、部活動、ボーディングスクールが父性のように、役割分担が効果的である。

子どもは、母性と父性の間に「定位」することで、適切な母性-父性のバランスを保っている。これは日々変化するもので、悩める日は母性寄りになり、元気な日は父性寄りになる（もっとも、子どもの言うがままでは、母性寄りになる。したがって、母性・父性の連携が重要）。自ら定位地を決めることで、精神状態を上手く調整している。しかし、母性と父性が同一人物の場合、この調整が困難になる。

例えば、仕事で、父親がほとんど家にいない核家族。事実上、子の教育が母親に一任される。この場合、母親（ママ）が母性だけでなく、父性も担うことになる。これは、なかなか厄介だ。明子姉ちゃんと一徹が、同一人物だと想像すればよい……。

優しい母性と、厳しい父性が、同じ人物の場合、子どもはママの父性を封じ込めることに一所懸命になる。ママの機嫌を損ねないように、常に顔色を窺うようになる。すなわち、ママの前では「いい子」を演じる。ママの意思が行動基準になり、同時に承認欲求が肥大化する。親子間の信頼関係（愛情）が希薄な場合、この傾向はより顕著になる。

自分が好きなこと、なりたい職業、自分の考えまで、全て「ママが言うこと、喜ぶこと」になってしまう。これでは、自我（主体）が育たない。というより、自我がママに侵略されてしまうのである。

もちろん、結果が良ければ（医学部合格など）、本人もそれで満足なのかもしれない。ママの言うとおりの人間になれたのだから（ピグマリオン効果）。しかし、そうでない場合、無気力（同一性拡散）、不安定、引きこもり、非行、イジメるなど、多くの問題の火種となっているようだ（母性-父性表参照）。

自我のない人間は、もろい。厳しく躾けられていても、もろい。集団（母体、群れ、共同体など）から離れると、さらにもろい。新興宗教などに簡単に騙され（洗脳され）てしまうのも、自我不在の影響が大きいのだろう。自我は他者ではなく、自分で確立しなくてはならない。

話を戻す。厳しいことはイヤなこと。イヤなことを避ける、イヤなことから逃げる——これは動物の本能である。ヒトも動物の一種だから、同じ行動をする。特に、「子ども」は（知能も自我も未熟なため）本能で行動する。親や先生から強制されない限り、本能が行動を支配する。すなわち、厳しさを避け、目先の快楽を選択する。

しかし、人間は成長に伴い、本能に反する行動をとるようになる。そのような行動は、知能による理論付けを伴う。理性で行動することのできる人間は、厳しさから逃げない——なぜなら、そこに何らかの価値を見出しているからである。例えば、勉強するのはイヤだ。でも、勉強すれば目標の大学に入れる（だから勉強しよう）。この薬は苦い。でも、これを飲めば病が治る（だから我慢して飲もう）。

理性による行動で重要なのは、①目標と、その意義の明確化、②達成方法の妥当性と実現可能性、③目標を達成しようとする「やり抜く力（Grit）」である。これらが揃わないと、厳しさを避け、ラクな選択（怠慢）に走ってしまう。小児的、動物的な本能行動に陥っていく。

だが、厳しさ（鍛錬、しごき、体罰など）が、イヤなことに変わりはない。イヤなことは時として、イジメやハラスメントとなる。つまり、厳しさとハラスメントは、同じベクトルを持っている。両者はレベルの問題ではなく、表裏一体の関係にある。本人が、肯定的に受け取れば、厳しい指導（父性教育）だが、否定的に受け取れば、ハラスメントになる。

すなわち、教師／生徒の関係が、容易に（瞬時に）加害者／被害者の関係に転ずる。前者か後者かは、生徒の心次第——その心は、生徒の個性や精神状態によって、非常にデリケートなこともある。

このため、先生と生徒の信頼関係・師弟関係が重要である。信頼が無いと（揺らぐと）、厳しさをハラスメントと解する。その結果、怒りの感情すなわち、逆恨み、憎しみ、仕返しなどが起こる。手の平を返すように態度が変わる。ごまかし、責任転嫁、様々な形の逃避も増える。

ただ、これらの「ほころび（乱れ）」は、厳格な規律によって抑え込むことができる。学校や訓練所では、様々な規則が、この大役を果たしている。強面の治安警備員のような教官が、緊張感という目に見えない力で全体を統率している。しかし、何か問題が起きれば、規律自体も見直さざるを得なくなる。要するに、厳しい教育（負荷・ストレスをかける教育）は、大変難易度の高いものである。

一方で、このような問題は、厳しさを無くせば、「直ちに・全て」消失する。すなわち、父性〇パーセント・母性一〇〇パーセント（保育園方式）、あるいは、父性も母性も、〇パーセント（当り障りのない方式）である。

父性を排除すれば、やっかいな問題は起きない。当面の苦悩も一掃される。しかし、それが上手くいっているのだと、多くの当事者たち（本人、教師、保護者など）は、勘違いしている。不幸なことだ。父性不足の障害は、生涯にわたって巣くう難病となる（母性－父性表参照）。生徒・学生の「将来」を思えば、これは決して看過できることではない。

憂患に生き安楽に死す（意味　人は苦難の中にあってこそ懸命に強く生きようとするが、安楽な環境に浸っていたのでは、腑抜けてしまう）『孟子』　One prospers in calamities and perishes in comfort. -Mencius

大学生の幼児化と慈母敗子

大学生を対象としたある調査によると、「自分はもう大人だ」と思っている人の割合が、一九九二年には、男子学生31%、女子学生21%であったのが、その後の調査（一九九七年、二〇〇二年）では徐々に低下し、二〇〇七年には、男子18%、女子９%となった（片桐新自『不透明社会の中の若者たち』）。

これは（自意識として）、大学生が幼児化していることを示している（ただ、二〇一二年の調査では、男子29%、女子16%と、いずれも急上昇した。これは、当時、「十八歳選挙権の導入」が、メディアで盛んに議論されていた影響だろう）。

「親から自立したいか？」の質問でも、一九九二年に76%であったのが、以後徐々に低下し、二〇一二年には64%となった。一方、「子どもでいたいか？」の質問では、一九九二年に44%であったのが、二〇一二年には57%となった。すなわち、大学生の幼児化は、これらの数値からも明らかだ。

教育現場でも、このような変化は実感されている。「大きな子ども」が増えているのだ。母子密着（過保護、過干渉）のため、子どもの自立心が育たないことが原因といわれる。自分でやってみる――失敗から考える――できるまでやる、というプロセスが、母親代行によって、無くなっている。

こうして、主体性（自我同一性）も、考え工夫する力（創造力）も、やり遂げる力（達成意欲）も、自信（自己肯定感）もつかず、失敗を恐れて行動できない人間、臆病で無気力な人間になる。大学生になっても、いまだ母子一体、乳離れできないでいる（慈母敗子）。

母性過剰と同時に顕在化しているのが、父性欠乏である。若者の精神的幼稚化現象は、「社会性の発達」の遅れが原因といわれる。「つまらない」「むなしい」などの空虚感も、社会性の未熟さから来ているといわれる。社会性や超自我の発達には、父性が強く関わっている。すなわち、幼稚化は父性不足が原因である。

父性が、母子密着を切断することで、（子の）自立・自活が促される。父親との「けんか」や家出（転出）によって、子は母親から切断される。反抗期はこれを促す。「父」という字からして、斧を表す象形文字となっている。母子の癒着を断つ父の剛腕が、思春期の子どもには必要である。

昔は、母子切断のため、子は早くから丁稚奉公に出された。父母から離れることで、より厳しく躾けられたのである。同時に、職業訓練を受け、自立を果たしていた。松下電器

（パナソニック）の創業者、松下幸之助も、本田技研の創業者、本田宗一郎も、少年時代の丁稚奉公が「人生の背骨」になったかのような回顧録を残している。今の日本に必要なのは、この丁稚奉公のような教育ではないか（図1）。

子にとって母はまさに保育士、父は教師である・・・子の教育は、世界一聡明な先生よりも、平凡だが思慮ある父親の手で最も成功するものだ（ルソー『エミール』） The real nurse is the mother and the real teacher is the father. Let them agree in the ordering of their duties as well as in their method, let the child pass from one to the other. He will be better educated by a sensible though ignorant father than by the cleverest master in the world. -Jean Jacques Rousseau, Emile, or On Education, Book I

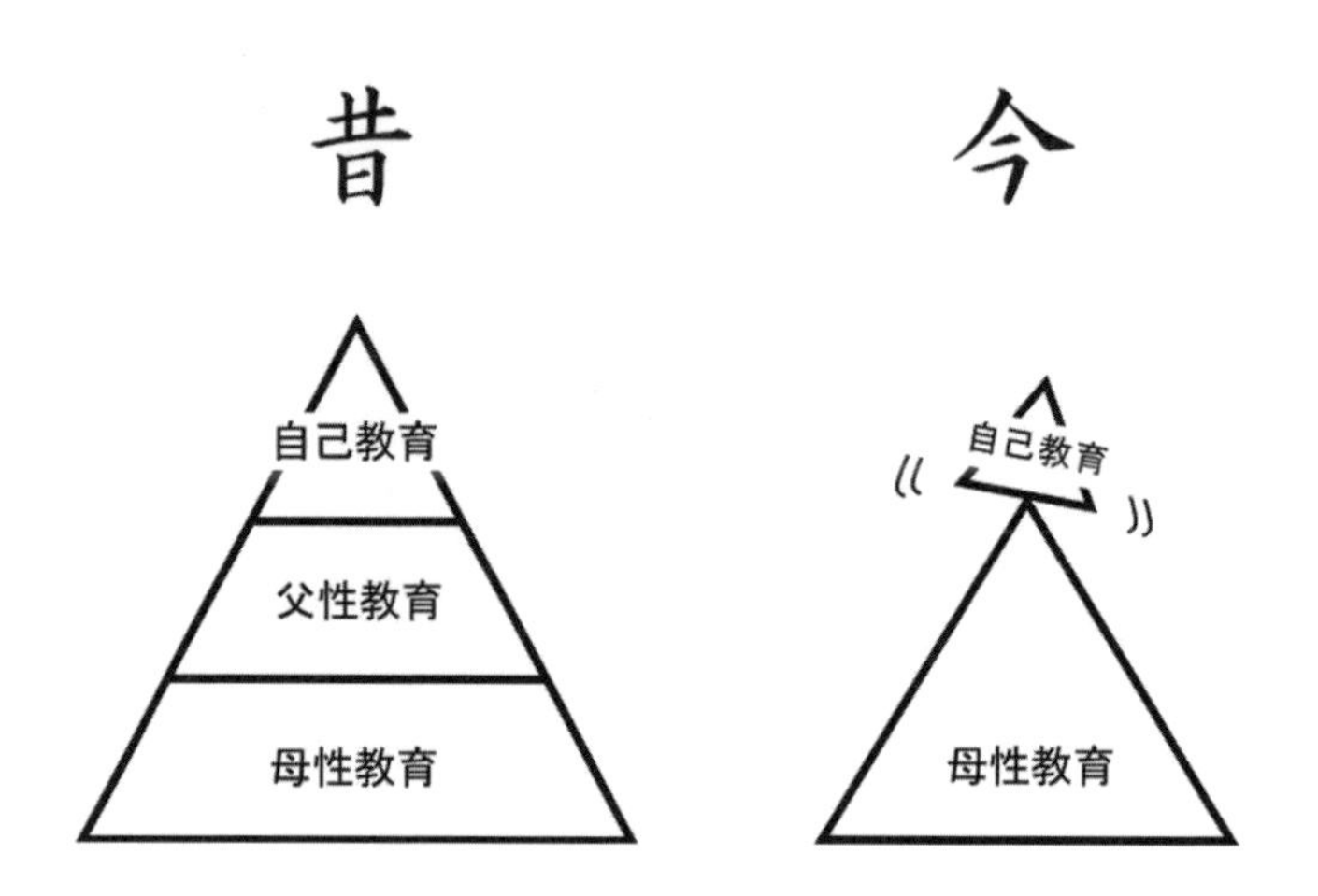

図１．今昔教育図

低すぎる自己肯定感

最近の調査によると、日本の若者は、他の調査対象国（米、英、独、仏、典、韓）に比べて、自己肯定感が著しく低いことが、多くの質問から明らかとなっている（内閣府H30我が国と諸外国の若者の意識に関する調査）。例えば、「自分に満足しているか？」の問いに対して、「そう思う」と回答した者は、僅か10％。これは、他国の三分の一～六分の一である。

自己認識に関する質問でも、ほとんどの質問で、他国よりも格段に低い結果となっている。例えば、「まじめさ」「正義感」「慎み深さ」「忍耐力」などでも、他国の二分の一～五分の一である。将来に関する質問でも、悲観的・厭世的な傾向が、顕著に表れている……。

自我の弱い人（同一性拡散、モラトリアム）も、自己肯定感の低い人も、孤独・孤立は不安だ。メンタルヘルスに不調をきたす。不安から逃れるため、同類の〝友人〟同士が馴れ合い、ヨコのつながりを形成する。あるいは、寄らば大樹（大船に乗る）など、安定を求める。対人関係の構築が苦手な王子様は、引きこもることで、ひ弱な自分を保護する。

すなわち、日本の「和の文化」も「引きこもり」も、このような自我の弱い個人が必然的に形成している「洞窟の囚人文化」と見て取れる。そしてこれは、母性偏重・父性欠乏の特徴でもある。

人を信じよ。しかし、その百倍、自らを信じよ（手塚治虫・漫画家）

父性の低下が顕在化している近年は、「厳しさに耐性のない学生」が増えている。叱ると、凹むどころか、潰れてしまう、引きこもってしまう……。個人差はあるが、驚くほど打たれ弱い。プレッシャー（負荷）など、かけられない。

高校の倫理の教科書にも、次のように書かれている。「最近の青年は、耐える力が弱くなったといわれる」（原文ママ、『現代の倫理』山川出版社）。いじめやハラスメントが問題化している一因だろう。一九八〇年ごろまで少なかった不登校も、その後、大幅に増加している（特に、中学生は10倍増）。

現場感覚でも、メンタルが年々弱くなっているようだ（返答がない、反応が薄い、無表情など）。教師の教育方針とは別に、慎重な「個別対応」「特別対応」が求められるようになった。小手先の〝若者取扱説明書〟まで横行している。「否定的なことを言ってはいけない」のは当然のこと、「相手が否定的に受け止めるような言い方をしてもいけない」のである……。

「自分は、いつでも死ねる」と言う学生が時々いる。見た目は普通なのに、そんなことを言う。口外せずとも、同じ思いの人は、相当数いるのだろう。これでは、厳しい指導など、できるはずがない。何でもない一言が、「最後の藁」になりかねないからだ。

「指導死」という言葉が、近年使われるようになった。教師の指導（叱責、説教）に耐えられず、自殺してしまうのだ。指導によって、生徒の自己肯定感が崩壊してしまうのか、あるいは、指導がイジメやパワハラと解されてしまうのか？　いずれにしろ、指導が自殺の引き金なら、指導は禁物ということになる。

幼児的万能感のためか、すぐに傷つく（あるいは、ふて腐れる）。人格や人生観（自分）を、否定されたと思い込む。引きこもりや「うつ」になる。ならば、注意もNGなのだろう……。

もちろん、全員が「ひ弱」なのではない。厳しい指導に耐えうる学生や、それを好む学生もいるかもしれない。しかし、そのような「個人差」を、学生の顔色や態度から見極めるのは困難だ。性格も様々だ。無理や「ふり」をする学生もいれば、すぐに弱音を吐く者もいる。精神状態が不安定な者もいる。外観からメンタルを読み取るのは難しい。しかも、失敗は許されない。だから、一様に優しくせざるを得ないのである。

教育現場では、もはや「教育」するのではなく、（現状のまま）「どう接するか」が焦点になっている——すなわち、褒める、おだてる、オトモダチになるなど。幼児教育において、褒めることは重要だが、大学でもなお同じことが行なわれている。

幼稚園から大学まで、保母さんのような柔和な先生は多い。しかし、会社にそのような上司はいない。なぜなら、仕事にはノルマがあり、成果が求められるからだ（結果主義）。未熟な社員、特に「できない社員」には、強い指導も、叱責も必要となる。やむを得ないことだ。

ところが、近年の統計調査によると、「上司がコワい」という新入社員が多くなっているという。そして、そのような心情が、仕事に対する「やる気」を低下させているというのだ（二〇二〇年、レッドフォックス調査）。

大学という柔和な保育環境と、会社（実社会）とのギャップに、困惑している様子が見て取れる。それにしても、やる気が出ないのは「上司のせい」とは……。幼児化現象（父性欠乏）そのものである。上司は、さぞ手を焼いていることだろう。

以上、いくつもの例を挙げてきたが、これらは、「最近の若者は～」のように、紀元前の大昔から存在する若者批判などではなく、本当に「ひ弱になっている」「幼稚になっている」ことを表している。

保母教員とお菓子教育

数年前に『フラジャイル』というテレビドラマ（二〇一六年フジテレビ系）を見た。主人公（病理診断医）の台詞が、印象に残っている。「新人ってのは、穏やかで、面倒見がよくて、実用的なことを教えてくれる人に、なつくもんだろ」――よく見ると、これは母性原理である。

確認のため、この台詞を裏返してみると、このようになる。「新人ってのは、怒りっぽく、放任で、精神的なことをのたまう人間を嫌うもんだろ」――確かに、こちらは父性原理になっている。

教員には、大別して、母性型の教員と、父性型の教員がいる（教員の性別は関係ない）。学校にもよるが、近年は、母性型教員が大半だ。なぜ、父性型教員は少ないのか？この回答はすでに述べた通りである。

父性型の教師（教官）は厳しい。あまり笑わない。学生や訓練生との間に、距離を置いている。甘えを許さないため、規律や緊張感を重視するためである。厳しさに耐える力（精神力、忍耐力など）を仕込む教師が、生徒に甘えられたり、なめられるようになったら、終わりだろう。

私はよく、無気力な学生に対し、「そんな甘い考えは、社会で通用しない」などと、発破をかける。親身の忠言だが、どうも学生は嫌がっているようだ。威圧的な言葉で脅された、人格否定された、とでも思っているのか。対面では無言でも、ＳＮＳでは言いたい放題なのか。やはり、今どきの教員は、母性的にならざるを得ないのか。

母性的な教員なら、説教や叱責などしない。いつも笑顔で、穏やかだ。学生が何をしても（不思議なほど）注意しない、何も言わない、見て見ぬふりをする。確かに、柔和で優しい教員なら、親しみやすい。トラブルは起きない。少なくとも、在学中は、起きない……。

少子化の世、家庭で大切に（王子様のように）育てられた子どもたち。厳しくできないのは当然か。多くの大学が保育園化しているのも、トラブル回避を「最優先」「最重要」としているからだろう。一方で、大学生活をエンジョイすることが目的の〝学生〟にとって、大学の保育園化は、まさに望むところだろう。

保母さんやオトモダチのような教員は、学生からも大学側からも好評である。そのような教員に〝大学園児〟たちは群がり、サークルのような馴れ合い集団（ヨコの関係）を形成する。その「人数」が、教師の教育実績としてカウントされ、評価される。だから、多くの学生に囲まれた先生は、「上手くいっている」と自負するようになる。

だが、「オトモダチ」は、多面体の一面にすぎない。その多面体を別の角度から見るとどうなるか。それらは、同の文化（和の文化）であり、没我的（無我的）であり、柔和、平穏、安心など（馴れ合いの集団主義）である。これらは「日本洞窟」の囚人心理であるから、日本人には分かりにくいことだろう。自己が不在であること（自分が透明化していること）に気付いていない。

オトモダチ先生は言う、「教育の基本は人間関係だ」。私は思う、「オトモダチなら人間関係一〇〇点だろう」。だが、師弟の距離が近いほど（寄り添うほど）、そこに甘えや依存が生じる。穏やかで、面倒見のよい保母さんや、カウンセラーあるいは、ドラえもんのようになっている。

オトモダチ先生は怒らない、叱らない。「叱るときは叱る」という先生でも、本気で叱ることはできない。叱りつければ、生徒から避けられ、無視される。すなわち、オトモダチではなく、先生でもなく、他人になるからだ。近年急増した「馴れ合い型の学級崩壊」のことである。

オトモダチ先生は生徒のオトモダチでいる限り、逆恨みや仕返しをされることもない。逆ハラスメントを受けることもない。悩みや相談事も打ち明けてくれる。そして、何かと頼りにされる。だから、ますます「上手くいっている」と、妙な自信を持っている。

しかし、卒業後の、実社会や実人生（リアル ライフ）で必要となる「耐性」「粘り強さ」「たくましさ」などを思えば、父性的な厳しさこそ「親身の教育」ではないか。学生がイヤがっても、これが「当人の将来のためには」最も必要な教育ではないのか。

「耐性というものは、卒業後に、社会人としての経験を積むにつれて、自然と身についていくものだ」などと主張する教員も多い。確かに、社会の荒波にもまれることで、耐性は身につくだろう。昔はそうだった。

しかし、現代は、荒波にもまれることで、皆、溺れ死んでいるではないか。耐性を身に付ける以前に、泳ぐ力も、生きる力もないのだ。ハラスメント耐性のない「ひ弱な」人間たちは、社会で泳げないでいる。

特に近年は人手不足だから、企業は「どうしょうもない人」まで採用してしまう。そうせざるを得ないのだろう。一方、学校側もそのような人に、手取り足取り、就職のお世話をする（大学も就職率を上げるために必死なのだ）。その結果、入社後、本人も上司も同僚も、大変な思いをしているようだ。

大学教員である私の周囲にも、前途多難を予感させる学生が多くいる。それでも、至れり尽くせりの大学は、難なく卒業出来るだろう。問題はそのあとだ。それはまさに「泳げない人」を、プールに突き落とす心地である。「卒業おめでとう」と言って、突き落とす……。何が目出たいのか？——と思う。

教員の使命は、学生を卒業させることではない。卒業後、社会で活躍できるように（自立できるように）、しっかり教育することだ。それが教師の良心というものだろう。

ところが、この「しっかり教育すること」が、近年できなくなった。しっかりやると、「精神的苦痛を受けた」「パワハラ（アカハラ）だ」などと、ＳＮＳで一方的に〝わめき散らす〟からである。それによって、今度は教員のほうが精神的に病んでしまう。すなわち、教育現場に父性の居場所は、もう無くなっている。

さらに、現行の入試制度、学校運営では、学生が大学や教師を選び、授業評価までする立場にある。客商売（すなわち、サービス業）と化した大学は、学生を「お客様」として扱うようになった。「学生のための教育」ではなく、「学生が好む教育」をせざるを得ないのである。二十歳前後の、社会経験・人生経験のない若者が「好む教育」を……。すなわち、栄養のあるピーマンや、骨を強くする魚ではなく、お菓子を与えざるを得なくなった。そうやって、顧客満足度や、入試倍率を高め、大学ビジネスを成立させることが、「ホンネの目標」になってしまった……。大学生き残り時代の病理である。

学生が「自己教育」の精神を以て、自ら厳しさ（父性）を求めない限り、教育ではなく、保育（母性教育）にならざるを得ない。これでは、益々ひ弱になっていくばかりだ。一体、何のための、誰のための大学なのか？　四年間、柔和で穏やかな温室の中で保育されて、将来どのように生きていくのか？　生きていけるのか？

いや、答えは分かり切ったことだ、社会問題の筆頭なのだから。

自己点検のための「母性-父性表」＊

	母 性	父 性
目的	保護 大切にする	成長、自立 たくましくする
内容	優しさ、甘さ、 保育、知育 日常生活の躾	厳しさ、 体育（心身の教育） 人格形成の躾（徳育）
起源	本能	後天的？
対象年齢	乳児～幼児期で大	少年～青年期で大
照準時制	現在のため	将来のため
ゴール	母親自身、母親の一部、 一心同体、 いつまでも自分の子、 内面の優しさ	母子切断（母子癒着の切断）、 自立、社会化、自分の分身、 父子相伝、自我同一性、 超自我、内面の強さ
方法	寄り添う、助ける、 許す、守る、世話（care）、 受け入れる、呑み込む、 ほめて育てる、慰める 「すご～い」「いいんだよ」 「しょうがないわね」 現自己肯定、おだてる、 甘口、諭す、微笑む、受容、 寛容、寛大、包容力 他力、調和、仏教 コミュニケーション 家内で子を守る 愛情で包み込む 失敗しないよう全力サポート	鍛える、生きる力、追い出す、 区別、指導（develop）、 突き放す、怒る、 叱って育てる、 「馬鹿もん」「甘ったれるな」 「よくやった」（承認） 現自己否定、苦言、規範 辛口、武士道、修行、訓練、 硬教育、耐性教育、 自力、自我、キリスト教 コマンド、統率 家を守る（家長） 愛情は隠す 失敗から学ばせる

	母 性	父 性
特徴	無償の愛、溺愛、舐犢之愛、母心、育てる ヨコの関係、対等、平等、平和、みんな仲良し、馴れ合い、助け合い、没我的、 ボトムアップ、雇われ感覚、指示待ち、無欲、下降志向 和の文化、洞窟文化、同調、多数決、平凡、悟り世代、人に優しい、現状満足、冷静、保守的、低い向上心、受け身、母子一体、母子共生、優柔、温和、包容、許容 寛大、甘え、優しさ、安らぎ、平穏、薄志弱行、挫折に弱い、感情、大人になりたくない、草食系、文化系、欲がない、ありのまま、よい子、お人よし、柔和、やわらかい 仲間、協調、共感、EQ、集団、良好な人間関係、終身雇用、柔軟、依存、一体化、低競争心、安心、安楽 守備、防衛、内側へ 即自存在、自己肯定 従属的、受動的、消極的 母子密着、束縛、定型学習 面倒見がよい、思いやり、安全地帯	威厳、凛、手本、導く(方向提示)、尊敬、畏怖、長幼の序 タテの関係、主従関係、上下関係、公正、男らしさ、硬派、無口、強い自我、 トップダウン、独裁、リーダー、経営者感覚、強欲、上昇志向、実力・成果主義、世界観、人生観、社会規範、倫理観、正義感、マナー(躾)、規範意識、時間に正確、秩序、品格、健全な個・自我の確立、人格形成、責任 厳格、根性、忍耐、打たれ強さ、不撓不屈、質実剛健、気骨、覇気、論理、早く大人になりたい、肉食系、体育会系、獰猛、貪欲、向上心、ハングリー、タフ、かたい、剛 ライバル、実力、勝利、個人、頑固、信念、反骨心、探究心、Grit、緊張、決断力、しごき、強制、勇気、リスク 攻め、戦闘、挑戦、外側へ、 対自存在、自己否定、批判的、主体的、能動的、独創的、行動力、志、自己教育 放任(躾以後)、性分化を促す(男らしさ・女らしさ)

	母　性	父　性
環境・状況	父性不在・多忙、 影の薄い父 慈父 ダメ親父、イクメン 友達親子、物わかりのよい父	厳父、亭主関白 父＝ヒーロー・手本（幼少期） 父＝超えるべき目標あるいは壁（思春期）；父親以外の父性が必要（思春期）
感覚・感情	好き、安全安心、 好感、信頼、癒し いま理解できる（現理解） 本能的信頼	（経年変化）　好き、楽しい、憧れ・ヒーロー → 怖い、イヤ → 反感、嫌悪（難理解・将来理解）、経験的信頼
過剰症と傾向（思春期以降）＊	慈母敗子、無気力、 生きる力の低下、マザコン、 母親第一（連絡密）、 優柔不断、同調、怠慢、 依存的（共依存）、無口、 幼稚、幼児化、ワガママ、 幼児的万能感、箱入娘、 王子様、威張る、道楽息子、 人に甘える、子どものペット化、 食べ物に好き嫌い多い、 穏やか、控えめ、素直（よい子）、反抗期なし、 自分一人で思考–判断–行動できない、大きな子ども、 傷つき易い、引きこもり、同一性拡散、対人関係が苦手、 コミュニケーション障害、 教育虐待、怒らない、スネ夫	乱暴、攻撃的、不良、悪ガキ、 やんちゃ、家出、逃避、 自己中（自分勝手）、 自信過剰、ジャイアン

	母 性	父 性
欠乏症と傾向（思春期以降）＊	愛着障害、逃避、抑うつ、不良（暴行）、非行（犯罪）、イジメる、アルコール、薬物依存、無表情、寂しがり、孤独感、疎外感、空虚感、不安、情緒不安定、神経症、自暴自棄、怒りやすい、頑張り屋、甘えん坊 or 甘えない、早婚、援交、少女 A、根無し草、ネグレクト（育児放棄）、低学力、低い自己肯定感、矢吹丈、伊達直人	無気力、アパシー、引きこもり、不安、ワガママ、弱虫、一人旅の経験なし、自殺、自傷行為、ゲーム依存、憶病、ムカつく、キレる、家庭内暴力、校内暴力、アノミー、弱い自我、打たれ弱い、イジメる、不登校、遅刻、マナー（躾）の不足、我慢できない、融通が利かない、社会性低下、未熟、幼稚、ピーターパン症候群（モラトリアム）、同一性拡散、反抗期なし、屁理屈、言い訳、恥知らず、指示待ち、反権威的、ひ弱、神経質、憶病、低い罪悪感
比喩	大地、仏、土、栄養分、知恵、海、温室、シェルター、地母神、春 ハウス栽培、純粋培養、農作、ゆりかご、ミルク、アメ、ヒツジ、草食動物の群れ、会社家族、ゆるキャラ、集団、帰属意識、団体旅行 「○○の母」 戦後の寄り添う天皇	天空、神、父なる神、太陽／風雨、山、壁、大黒柱、地震雷火事親父、家訓、冬 雑草、野生、弱肉強食、ムチ、司令官、失楽園、獅子の子落とし、可愛い子には旅させよ、親元を離れる、武者修行、武士、一家の主 一匹狼、ハングリーな肉食動物、雄ライオン、一人旅 「○○の父」

	母　性	父　性
役割分担（おもな）	慈母、母親、祖父母、 保育士、保育ママ、 医師（臨床医）、看護師、 保健室の先生、カウンセラー・セラピスト、 友達（親友）、同僚、 甘えられ役、女房役、 教育ママ	厳父、父親、家父長、 超自我、師匠、寺子屋師匠、 丁稚奉公、 体育会系部活（昔の）、 鬼コーチ、トレーナー、 親方、親分、頑固、頼もしい、 全寮制、嫌われ役
例＊	金八先生、ごくせん、夜回り先生、星明子、マザーテレサ、 米国民主党、ドラえもん、 ビル・クリントン、オバマ、 メルケル	女王の教室、戸塚校長、 星一徹、寺内貫太郎、竜之介の父（三丁目の夕日）、 ヒギンズ教授（R.ハリソン）、 教場、米国共和党、 ジャイアン母、プーチン、 トランプ

＊表の解説は本文中で述べた。

＊症状は、子どもの性別、性格、祖父母や兄弟との関係、家の中と外（学校など）、その他、様々な環境が影響する。

＊「母性過剰」と「父性欠乏」は関連性が高い。一方、「父性過剰」と「母性欠乏」も関連する。

＊本表は著者の主観を含む。

第三章

画竜点睛の教育

私が今あるのは、全て母のおかげだ。生涯の成功の全ては、母から受けた道徳教育、知的教育、身体教育のおかげなのだ（ジョージ・ワシントン・初代米国大統領）My mother was the most beautiful woman I ever saw. All I am I owe to my mother. I attribute my success in life to the moral, intellectual and physical education I received from her. - George Washington (1732-1799)

「三育」の再考・再編

昔、中国の絵師が、寺の壁に、四匹の竜の絵を描いた。竜は見事に描かれていたが、なぜか目がなかった。絵師は、「竜に目を入れると動き出してしまうから、わざと入れなかった」のだという。

信じない村人に対し、絵師は仕方なく、二匹の竜に目を入れた。その途端、竜は命を宿し、天高くかけ昇っていった。後に残ったのは、目を欠いた二匹だけであったという。

教育に先立つものとして看過できないのは、「気」である。気とは、すなわち精神のエネルギー——Emotion（感情）やPassion（情熱、やる気）。比喩的には、画龍に目を入れることであり、火をつけることである（後述）。気のないところ、教育もなし——気を起こすことが、教育の要件である。

憤の一字は、これ進学の機関なり（憤一字　是進學機關・意味　発憤することは、学問をする上で最も重要なことである）佐藤一斎、『言志四録』

教育の最大の目的は、知識（の獲得）ではなく、行動を起こさせることだ（スペンサー・英国の哲学者）**The great aim of education is not knowledge, but action. - Herbert Spencer**

気を起こす行為を、心理学では「動機付け」（Motivation）と言い、外発的なものと、内発的なものに分けられる。通常、内発的なもの、すなわち個人の興味関心が重要とされる。しかし、外発・内発の区別はおそらく不可能だ。なぜなら、多くの場合、双方は複雑に関連しているからだ。したがって、外発／内発ではなく、個々の方法について考える必要がある（本件は本章後半で論じる）。

教育は「三育」といわれる。三育の概念は、スペンサーの『教育論』(一八六〇年・安政七年)によって、広く一般に知られるようになった。日本の教育基本法(第二条「教育の目標」)にも、この三育に関する記述を見ることができる。

三育の内訳は、知育、徳育、体育だが、それぞれの定義については、定説がない。以下、私なりの解釈をもとに、再構成したものである。

知育とは、頭脳の教育――知識、技術、計算力、論理的思考力、抽象化思考など、学習によって得られる(伸びる)もので、おもに学校で習得される。これらは、数値化することができる能力(IQ、偏差値、テストの点数など)で、認知能力とも言われる(後述)。専門的な知識技術も、これに含まれる。三育のなかでも、特に知育は「動機付け」が重要である。動機が志向性(Intentionality)となり、「学び」を起こす。

知育のうち知識(暗記するもの)や計算力は、今後急速にAI(人工知能)に置き換わる。したがって、新時代の知育は、これら以外の能力が求められる(すなわち、人間特有の能力、感情感覚を要する領域)。知育は、ヒトにダウンロードするソフトウエアの総称である。

人間の偉大さは、考える力にある（パスカル・フランスの哲学者、数学者）Man's greatness lies in his power of thought. -Blaise Pascal

徳育（訓育・薫育）とは、人格を形成する基本要素——すなわち、倫理観、思いやり（仁）、礼儀、正義感、責任感、信用、誠実、勤勉、協調、孝行などの徳性を涵養する人間教育。これらは、様々な環境（家庭、他者、社会、異文化など）と、自身とのかかわりを通して形成される——孟母三遷の教え。特に幼少期は、家庭での躾、学校での道徳（古くは小学、修身）、多様な地域活動などが、徳を育む上で重要となる。

孔子は、徳育を、知育に先立つものとして位置付けている。すなわち、「余力学文」（『論語』学而第一（六）、『弟子規』）。徳育の諸事項は（宗教、哲学、文化として）、何千年も前からほとんど変わることなく受け継がれる本質的要素である。すなわち、徳のないヒトは人でない（人面獣心）。徳育をダウンロードすることで、ヒトは人になる。

徳育なしに知育のみ行なうは、教育にあらず（アリストテレス・古代ギリシャの哲学者）Educating the mind without educating the heart is no education at all. -Aristotle

ヒトは教育によってのみ人になることができる。彼は教育が作り出すそのものである（カント・ドイツの哲学者）Man can become man only by education. He is nothing but what education makes him. -Immanuel Kant, Thoughts on Education

人格は知性より重要だ。偉大なる精神は生きる上で強く、考える上でも強い（エマーソン・米国の詩人）Character is higher than intellect... A great soul will be strong to live, as well as strong to think. -Ralph Waldo Emerson

体育とは、心身の教育――学校教育における「体育」だけでなく、心（精神）の教育を包含する。すなわち、心身の鍛錬、健康に関わること全て。保健、食育、自律、勇気、集中力、持続力、回復力、やり抜く力（Grit）、ストレス耐性、規則正しい生活習慣など。心と体の健康（心身の丈夫さ、たくましさ）は、知育、徳育の土台である。

心（精神）と、身（体）は、分離したものではなく、つながっている。「病は気から」のように、気が弱まれば、病気になりやすい。反対に、体が病めば（普段は頑強な人でも）弱気になる。身体を植物の地上部（すなわち見える部分）だとすれば、心はその根である。体育は、強いヒトをつくるための基盤教育。すなわち、ハードウェアの教育である。

強い体は、強い精神をつくる（トーマス・ジェファーソン・第三代米国大統領）
A strong body makes the mind strong. -Thomas Jefferson

まず獣身を成して、のちに人心を養う（意味　幼少期は学問よりもまず、健康な身体の形成に重きを置くべきである）　福澤諭吉『福翁自伝』

前記した認知能力に対して、近年、非認知能力（ＯＥＣＤのいう社会情動的スキル）についての議論が多く見られるようになった。非認知能力には、数値化できない能力が多く、上記の徳育、体育を包括する。非認知能力を伸ばす教育として、躾（薫育）、部活動（特に厳しい体育会系）、課外活動、全寮生活、ボランティアなどの重要性が再認識されるようになった。これらは主に「硬教育」の色合いが強く、知育で重視される〃軟教育〃と区別される。

上記のように、三育のうち、最も重要なのが体育、その次が徳育、最後が知育である。この順番を間違うと「見苦しい人間」になる。お勉強一筋で、常識や徳を疎（おろそ）かにした知育偏重教育の弊害である。

さらに特筆すべきは、三育、特に知育が（教育ママの外発的動機付けによって）、ある程度出来上がっていても、画竜点睛を欠いた状態（すなわち、竜に目がない状態、主体が不在の状態）では、「死人」に等しいということである。このような「無気力人間」が、近年増加している。これも実に残念なことである。

一方で、画竜に目のある者は、主体的・能動的に行動できる（自己教育力がある）。行動することで、何らかの結果を出し、その結果から「学ぶ-行動する」を繰り返し、次第に高い段階へと上昇していく。知育、徳育、体育のいずれも、行動することで伸びていく。行動することで、動機付けも進化し、どの学びが必要かも明確になる。すなわち、（前述のように）三育以上に重要なのが、画竜の目であり、動機付けである。

世界で価値あるものはただひとつ、活動的な魂である（エマーソン） The one thing in the world, of value, is the active soul. -Ralph Waldo Emerson

知育偏重が「ひ弱化」の元凶

残念なことに、現在の入学試験（一般選抜入試）は、「知育」に限った試験選抜となっている。当然のことながら、大学に入ることを「唯一の目標」として、知育に励んできた生徒にとって、大学入学は、目標の喪失を意味する。

大学教育の荒廃を防ぐためには、入試以外の目標（将来の目標など）を明確にする必要がある。目の入った「生きた竜」を選抜しなくてはならない。

すなわち、入試は、総合的な評価をもとに行なうべきである（下記）。特に、トップレベルの点数で合格した者が、入学後に脱落・退学していく例が後を絶たない。意欲が低い（無気力な）理由は、修学目的の不在、無自己（自我同一性拡散）、卒業後への不安・恐怖、不本意入学、メンタルが幼弱、様々な精神疾患など。いずれにしても、知育（点数評価）のみによる入試は、上手くいっていない。

自分の目的を忘れることは、愚かな人間にありがちなことだ（ニーチェ・ドイツの哲学者）To forget one's purpose is the commonest form of stupidity. -Friedrich Nietzsche

米国では、学力評価（共通テストの点数）だけでなく、本人のエッセイ（志望動機書）、履歴書、成績証明書、推薦状または推薦者の連絡先三通（学部生は不要の場合あり）などをもとに、入試選考をしている。特に推薦者（恩師など）は、事実上の身元保証人であるから、いい加減なことは書けない。さらに、生徒の入学後のパフォーマンスに、ある程度の連帯責任を有する。生徒も、恩師の手前、余り「だらけたこと」はできない。

このように、米国では知育（点数評価）だけでなく、人間性や将来性に関する評価（非認知能力の評価）を何十年も前から実施している。受験生の「今」の評価ではなく、二十～三十年後を見越した評価、すなわち「将来性」を選考しているのだ。

その結果、私のようなハズレ玉を引いてしまうこともあるが、多くの場合、有望株（伸びしろのある学生、ダイヤの原石、大物の器など）を探り当てているようだ。

ところが、日本ではいまだに学力テストの点数のみで入試選考をしている（偏差値秀才を選抜している）。後述する推薦入試や、ＡＯ入試も、形骸化しており、生徒の特性を評価できていない。大学入試センター試験に代わって、大学入学共通テストが導入される予定だが、これも独断専行の愚策という見方が強い。少なくとも、各大学が個別に実施する2次試験においては、学力以外の能力（非認知能力）を審査すべきである。

現行の知育偏重入試では、修学意欲の低い者（上記）や、倫理観の低い者も、大手を振って合格・入学する。後者は、学内で不正行為やマナー違反をするだけでなく、卒業後に学歴や専門性を武器に、社会に害悪をもたらす恐れもある（サイバー犯罪、頭脳犯罪、悪政、悪事など）。

二四〇〇年も前に、プラトンが指摘した問題が、今も当然のように存在している（『国家』第七巻519A）。徳を伴わない知育は、見苦しい人間を作るだけでなく、社会にも人類にも有害である。


警視庁統計によると、S21年~H30年の人口千人当りの刑法犯認知件数は、H14年に最高（22・4件）となった後、減少し、H30年には最低（6・5件）を記録した。つまり、ひと昔前のほうが、今よりも犯罪は多かった。しかし、この数値が、人々の倫理道徳観の向上を意味する訳ではない。昔、特に昭和は、個人の道徳観と地域社会（共同体）の結束が、犯罪防止の役割を果たしていた。

しかし、今は、道徳観や地域のつながりよりも、高度な監視技術・捜査技術が犯罪を抑え込んでいる――防犯カメラ、防犯システム、保安警備員、サイバー犯罪捜査官、ドライブレコーダーなどの普及、携帯電話、ＳＮＳなど通報手段や情報機器の普及、ＤＮＡ検査、微量分析、法医学など分析技術の進歩、法律・条例の整備など。このような監視社会において、犯罪率は人徳の指標にならない。

監視国家（言論の自由のない国々）では、秘密警察・私服警官が多く、犯罪の発生を抑圧している。そのような国々では、人徳と犯罪率は無関係だ。

さらに、人々のマナーや、社会のエトス・規範も（時代の影響を強く受けるため）、やはり徳の指標にならない。人々に倫理道徳があっても、生活が困窮すれば、盗難や詐欺の増加は必然である（戦中戦後のように）。反対に、生活が豊かであれば、悪事を働く理由はなくなる——倉廩実ちて礼節を知る（『管子』牧民）。

ではなぜ、近年、倫理道徳の低下を憂う声が、高まっているのか？　何を根拠に、人々は騒いでいるのか？——恐らく、これは体感的なものだ。日本社会の閉塞感（息苦しさ）と、年々増加している理不尽な行為（傍若無人な振る舞い）——Crime ではなく、Sin の増加によるものだろう（Crime は法に反すること、Sin は徳に反すること）。

恥の心は、法の及ばないことも抑えうる（セネカ・古代ローマ帝国の政治家、哲学者）Shame may restrain what law does not prohibit. -Seneca

たとえば、歪曲した個性（ワガママ、自己中、迷惑行為）、クレーマーやモンスター人間（モンスター客、社員、親、生徒など）、様々なハラスメント、あおり運転などの悪質行為、ＳＮＳでの誹謗中傷、嫌がらせなど——自分に甘く、他人に厳しい人たちが多くなった。このような迷惑人間の放つ「畀臭」に、人々が日々悩まされているためだろう。高学歴人間（特に政治家）の人格も、近年は際立って低下している。恥知らずの「見苦しい人間」が、毎日のようにメディアに登場するようになった。彼らの言動に、違法性はないが、品性のかけらもない。

これらは、現代社会のアノミー化の一端を表している。そして、これに父性（超自我）の退行が深く関係している（母性-父性表参照）。父性は、個人の倫理道徳観、社会規範、品性などを形成するもの。これが弛緩することで、上記の異臭が発生する。すなわち、家庭で学校で、そして何よりも『自分で』、自らの父性度を高めることが、重要となっている。

大学は、法学部ばかりを横並びに設置してきたが、重要なのは、「法」よりも「徳」である。すなわち、本当に必要なのは〝徳学部〟ではないのか。なぜ日本には、徳学部（道徳学部）がないのか？　徳を底上げすることで、日本人の品性を正さなくてはならない。

恥有りて且つ格る（意味　法律や命令で人民を導き、刑罰で人民を統制すれば、人民は免れさえすればよいと考え、恥の心を失う。一方、道徳で人民を導き、礼によって統制すれば、恥の心を持ち、善に至る（孔子『論語』為政、「子曰、道之以政、齊之以刑、民免而無恥。道之以徳、齊之以礼、有恥且格」）Confucius said: "If you govern the people legalistically and control them by punishment, they will avoid crime, but have no personal sense of shame. If you govern them by means of virtue and control them with propriety, they will gain their own sense of shame, and thus correct themselves."

教育の保育化と生徒のひ弱化

入試選考を、知育（の到達度）のみで行っているから、一流大学を出ていても、私利私欲の悪人や、行動力、思考力、礼節などのない人間が世にはびこる。そのような人間は、少なくとも、要職と呼ばれる仕事に就いてはいけない。人は、特に要人は、教養よりもまず、徳（品性）が必要だ。

残念なことに、近年は面接試験も形骸化しており、試験の体を成していない。やる気（意欲）、耐性、真面目さなど、「人」を見るはずの面接で、紋切り型の「決められた質問」しかできなくなった。練習すれば、上手く演技できる（だませる）面接だ。したがって、受験生は、暗記してきた文言を口述するだけになった。これでは、役者やアナウンサーのような人が高得点となる。

面接では、「聞いてはいけない質問」が非常に多い。「尊敬する人」「愛読書」「人生観」「家庭環境」までアウトとは……。こんなふざけた〝やり取り〟で、何が分かるというのか？

近年は、メンタルの弱い人が多い。できない人、やる気のない人、中途脱落者も増加している。だからこそ、入口で「やる気」「意志」「目的意識」などを見抜くことが重要となる。入学後・入社後に、プレッシャーやストレスの多い環境に置かれるのなら、その環境への耐性（心の強さ・芯の強さ）を、面接試験でしっかり見極めなくてはならない。そうしなければ、入学後・入社後に、自他ともに大変なことになる（実際にそうなっている）。そのための面接試験ではないのか。

一方、面接試験で落ちる（点数が低い）のは、どのような人か？　練習不足・準備不足の人であったり、また、そうでなければ、緊張してうまく話せない人、口下手（言葉足らず）な人、あるいはコミュニケーション能力の低い人――すなわち、一人でコツコツと真面目に、影日向なく研究に没頭（過集中）できる「研究オタク」のような人だろう。そのような、将来「研究室のエンジン」になるような人を、面接で落としてどうするのか。

十年ほど前、面接試験の最中に泣き出した子がいた。私が怖い顔（？）で問い詰めたからだ。他の面接官は全員不合格点を付けたが、私だけ満点を付けた。彼女の中に「光」が見えたからである。入学後、その子は（学業、課外活動ともに）抜群の成長を遂げて卒業していった。十年に一人の逸材であった（もちろん、面接のことは本人にも第三者にも口外していない）。

> 人間とメロンは（外観から中身を）知ることは難しい（ベンジャミン・フランクリン・米国の政治家、学者）Men and melons are hard to know. -Benjamin Franklin

ＧＰＡ（成績平均点）は基本的に、学生の真面目さ、勤勉さを見る大事な数値である（非認知能力、ＯＥＣＤの社会情動的スキルと相関）。米国の大学では、ＧＰＡを何十年も前から使用しているが、日本では、ようやく近年になって採用するようになった（大学入学後）。なぜ、これほどの時間を要したのか？

一方、ＳＡＴ、ＡＣＴ、ＧＲＥなどは、共通の学力テストで、入試判定資料として使われる（米国）。日本では、現在、共通テストに英語の外部試験（ＴＯＥＩＣなど）の導入が検討されているが、これもＧＰＡ同様、何十年も遅れての採用となる。真似をするのに、よくもそれだけの年月がかかるものだ。

そもそも、授業評価アンケート、アクティブラーニング、ＦＤ（**Faculty Development**）、ＴＡ（**Teaching Assistant**）、授業科目のナンバリング、ルーブリック、マイナンバー（ＳＳＮ）まで、全て外国のマネではないか。日本人は、独自の方法について考える力がないのか。結局真似するのであれば、なぜ直ぐに行動できないのか？　役所主義か、やる気がないのか、変なプライドか……。いずれも情けない。

米国の大学には、大学別の入学試験がない（受験生は試験を受けるために、わざわざ各大学に出向くことはしない）。とりあえず、何校か〝受験〟する（上記の応募書類を送付するだけ）。後日、合格通知をもらった大学の中から、実際に行く大学を選び、学期の始まる直前に、初めてその大学を訪れる。

日本の大学も、このようにすれば、世界中から多くの受験生が応募し、急速に国際化できるだろう。世界大学ランキングも上がるだろう（当然、授業は英語化する）。ランキングはともかく、ハングリーな外国人学生が増えることで、日本の無気力学生たちが感化されることを、願わずにはいられない。

入試内容に関しても、学力以外の部分（非認知能力）を考慮して、学生のポテンシャル（将来性）を評価すべきである。例えば、主体性、行動力、精神力などの分かる項目（ボランティア活動、課外活動、自主的な活動、挫折経験など）を、入試の審査項目に加えることは、簡単にできることだ。ボランティアは、たとえ入試目的に行なうとしても、行なうこと自体に意味がある。

人間性も、上記のように、推薦状などで〝連帯保証人〟を立てることで審査できる。学力があっても、無気力、無目標、不徳の人間などは、将来性の点数が低くなる。これらを総合して、入学の可否を判定すべきである。

生きている犬は、死んだライオンにまさる（『聖書』伝道の書 9:4）A living dog is better than a dead lion. -Ecclesiastes 9:4

大学の授業も、将来使うことのない専門知識の詰め込み（P・フレイレの貯金型学習）など、真っ先にやめるべきことだ。大学では、自分の血肉となる教科を慎重に選び、主体的に学ばなくてはいけない。自分の目標（夢）を実現するため、ガツガツ学ばなくては、授業も面白くないし、効率も悪いだろう。無気力症もさらに悪化するというものだ。

夏休みなど、休暇中の自主的な活動や、自由研究を推進することも重要だ（レポート、プレゼンなどで報告させ、審査を経て、卒業単位として認定する）。アルバイト、ボランティア活動、貧乏一人旅、ワーキングホリデーなども、内容に応じて単位認定すればよい。重要な社会勉強・人生経験なのだから。

「主体的・能動的な学び」「行動力や創造力を伸ばす学び」――これこそが大学式の教育であり、自立を促す教育である。大学の中であろうと外であろうと、そのような教育が、ひ弱化した「いい子」たちには、最も必要である。

> 実践こそ、本物の知識を得る秘訣である（老子）Knowledge is a treasure, but practice is the key to it. -Lao Tzu

山に登ったり、川をわたったり、長い旅をしたり、時には野宿したり、時には飢えたり、時には寒さに凍えたりということは生きた学問である。これに比べて、綺麗な机に座って本を読むなどは、力が余りつかないことだ（佐藤一斎・江戸時代の儒学者、『言志四録』）

昔から、日本の大学生は、勉強しないといわれる。もっとも、近年は、大学設置基準の改正（文科省二〇〇八年）などによって、単位認定が、かなり厳しくなった――「授業によく出席する」という学生は、一九九二年に36％であったのが、その後徐々に増加し、二〇一二年には68％となった（片桐新自『不透明社会の中の若者たち』）。

だが、この数値では、いまだ道半ばだ。少なくとも、外国並みに、真面目に勉強しなければ卒業できないよう、現在の「ゆるい卒業基準」を見直すべきだろう。大学を「まともな教育の場」にすることが重要だ（すなわち、出口管理と卒業生の質の保証）。

例えば、大学の一年次終了時点で、成績が下から二割の者は退学させ、さらに二年次終了時点で、下から一割の者も退学させる。このような教育方針を、各大学が打ち出せばよい（もちろん、その条件で入学を認める）。

そうすれば、専門科目や研究の好きな（大学で伸びる）学生を、選別することができる。目的意識を持った学生を、掬い取ることができる。同時に、入学を以って燃え尽きる〝アパシー学生〟を排除できる。すなわち、大学一～二年次を、入学試験の一部（最終選考）にすればよい。

あるいは、単位認定自体を厳格化することで、結果的に二割の者が、一年次終了時点で、落第するようにしてもよい。これは、言わずもがな米国式である。いずれにしても、大学四年間、学ばない「無気力学生」は不用だ。周囲の学生の士気を低下させる。現場教員を疲弊させる。第一、本人のためにならない。このような学生の無償化など、ありえない。政策の見直しが急務である。

これからの高齢化社会では、若者の絶対数が減少する。すなわち、数を補うべく、学術・人格ともに優れた若者の育成が、国を支える上で重要となる。資源に乏しい日本において、人的資源（教育）は、国の浮沈を決定する。貪欲で勤勉な若者が必要な時代に、「引きこもり」や「生きる力」の議論をしているようでは、話にならない。

学術を極め、博士になっても就職先がないとは、何という馬鹿げた技術大国か。ノーベル賞など、過去の産物である。日本の研究力は急落している。幕末の志士レベルの強者が、千人・万人単位で必要な時代に、「ひ弱な保育」をしている場合か。

人生が終わるのを怖がることはありません。人生が一生始まらないことが怖いのです（グレース・ハンセン・米国の作家）Don't be afraid your life will end; be afraid that it will never begin. -Grace Hansen

人の人生で最大の悲劇は、生きてはいても、彼の内部で何かが死んでいることだ（ヘンリー・デイビッド・ソロー・米国の作家）The tragedy in a man's life is what dies inside of him while he lives. -Henry David Thoreau

死に至る教育

教育荒廃の実例（不登校、引きこもり、学級崩壊、入試改革の混乱など）を挙げるまでもなく、教育をトップダウンで指揮している教育行政（政策担当）の非は、論を俟たない。この壊れた教育政策のもと、国全体が暗雲低迷の難局に陥っている。国民生活も、年々、困窮度を増している。日本が、徐々に沈没しているのだ。

一方、教育現場は、マスコミやSNSなどによる「学校叩き」を警戒し、事なかれ主義に逃げている。四方八方からのクレームに対し、ひたすら謝罪する。何事も穏便に済ませようとする。こんな及び腰では、本気の教育（鍛える教育）など、できるわけがない。

親が家庭での「躾」を放棄し、学校へ丸投げしている時代だからこそ、学校での「鍛錬」が必要なのだが……。何も・できない。

結果として、無気力な人間や、徳のない人間が増加していく。大学でも、小学校のように担任制を敷いて、欠席の多い学生、取得単位の少ない学生の、早期発見と救済に力を入れている。学生支援室や相談室も配置し、カウンセラーや臨床心理士が、多忙に対応している。保護者相談になる場合もある。現場は疲弊している。何とか、いや、何としてでも「全員＝卒業」に全力を尽くしている。これはもう「教育」と呼べるものではない。

日本青少年研究所が二〇〇七年に行なった調査によると、日本の高校生は、「偉くなりたい」という意識、つまり出世欲・上昇志向が、顕著に低い（日８％、米22％、中34％、韓23％）。一方で、「暮らしていける収入があれば、のんびりと暮らしていきたい」という意識が際立っている（日43％、米14％、中18％、韓22％）。

まるで隠居した老人だ。安全安心な温室環境に浸っているうちに、欲も向上心も無くしてしまったのか。若者にとって最も重要な「志」や「行動力」が蝕まれている。これは、若年層の人口減少よりも、よほど深刻な問題だ。

目の死んだ人ほど哀れな人はいない（ヘレン・ケラー・米国の社会福祉活動家）
The most pathetic person in the world is some one who has sight but no vision. -Hellen Keller

生気（主体）を吸い取る〝教育〟は、工場で「ロボット」を大量生産しているようなものだ。生産されたロボット（思考停止人間）は、奴隷労働者として、社会に送り込まれる。そのような人間は、仕事の中に十分なやりがいを見出すことができない（義務感、やらされ感による労働になる）。

そのため、言われたこと／教えられたことしかしない・できない。指示されないと動かない。自分で考えない、質問もしない。もちろん例外は、いくらでもある。意欲的な人、行動力のある人はいる。何にでも例外はある。しかし、全体として見れば、無気力化が年々深刻化している。

何でもないことがストレスになる。同時に、「つらい」という自意識が炎症となって痛みだす。上司の言葉を、「考え方が古い」などと黙殺する。権利意識が高く、仕事以外（プライベート）に生きがいを求めるようになる。

ブレーキングポイント（Breaking point：心の強さ）も、非常に弱くなっている。ひ弱な社会人を守るため、政府は働き方改革に乗り出した（法整備、特に長時間労働の解消）。各企業は、ブラック企業とされないよう、社員の労働管理・作業環境管理をせざるを得なくなった。さらに二〇二〇年六月から「パワハラ防止法」まで施行された。

これまで、このような法律は無かった。過去「何千年も」無かった。それが、なぜ今年から必要になったのか？——この理由をよく考えることだ。法律で保護しなければ「自殺」してしまうほど、人間が弱くなったのではないか。社会の父性化と逆行して、教育の母性化が進んでいるからではないのか。

左記の言葉を引用するまでもなく、今の学校教育は、人の精神を殺している。「生気」を吸い取られた無表情の子どもたちのことだ。この先、長い人生を、ゾンビ（廃人）のように苦しみに耐えながら生きていくのか。「死に至る病」を患っている——精神（主体）が死んでいる。覇気のかけらもない。学校が、教育的殺人工場になっているのだ。

教育は人をつくり、未来をつくる。自分の未来も、日本の未来も、地球の未来も、全て教育にかかっている。ダメな教育は、未来を破滅させる時限爆弾である。

世の中には体は生きているが、心が死んでいる者がいる。反対に、体が滅んでも魂が残っている者もいる。心が死んでしまえば、生きていても仕方がない。魂が残っていれば、たとえ体が滅んでも意味がある（吉田松陰・幕末の思想家）

文部学校の教授法をこのままにしてやって行けば、生徒を殺すにきまっている。殺さなければ気狂いになるか、しからざれば心身共に衰弱して半死半生のかたわ者になってしまうに違いない（福沢諭吉『福翁自伝』）

大学は能動学習の道場

大学全入の今日、学生の就学目的の不在、および就学意欲の低下が、常々指摘されている。これを受け、講義中心の受動学習から、学生主体の能動的・主体的学習（すなわちテイーチングからラーニング）への転換が重要視されている。フィールドワークや実験実習は、この能動的学習（アクティブラーニング）を促す教授法として注目されている。

行動することは、おのずと思考が求められる。学びは自然と生まれる（デューイ・米国の哲学者）Doing is of such a nature as to demand thinking; learning naturally results. -John Dewey, Democracy and Education

しかし、近年はフィールドワークや実験実習にも、消極的な学生が増加している。特に、興味の低い内容（やらされ感の発生）、教員関与の低い場合（怠慢、指示待ち）、学生がアクティブラーニングを好まない場合（座学志向、受動学習志向）、グループワークに抵抗がある場合（内向的な学生）などで、意欲の低下が著しい。また、グループワークや班活動の特徴として、関与の低い学生（フリーライダー）の問題も、従前から指摘されている。

このような場合、外見的には能動的に見えても、内的活動（志向性：Intentionality）が低い／弱いために、単純作業（労働と同じ）となり、学習効果も十分期待できない。この状態か否かは、小テストをすればよく分かる（作業化している場合は、何もアタマに入っていない）。

卒業論文（卒業研究）も、演習（ゼミ）とあわせて、アクティブラーニングの形態をとっている。かつては、「卒論で完全燃焼」と言われたものだが、近年、そのような能動的・主体的な卒論生は、絶滅危惧種である。多くの学生にとって、卒業研究は、もはや研究と言えるような代物ではなく、卒業するための作業、すなわち「卒業作業」と化している。

これは、関連する学術論文が、ほとんど読めていない点で明白だ。データを取る「作業」は、何とか出来ても、先行研究に興味が起きない。したがって、考える「研究」のレベルに至っていない。「いかにラクに卒業するか」に関心が高いようだ。内的活動（探究）をせず、アルバイトのように、義務的に「卒業作業」に従事している。

このような、形骸化したアクティブラーニングに対する処方箋として、近年、ディープ・アクティブラーニングが注目されている。これは、内的活動における能動性を高めることに重点をおいた教授法である。

デューイではないが、教育の主体である学生が、フィールドワークや卒業研究の内容に「深い関心」をもつことが、ディープ・アクティブラーニングの必須要件である。そのためには、⑴授業改善と、⑵動機付けが二本柱となる。

前者は、学生が既存の授業内容・研究内容に、十分な興味を示すようにする、あるいは学生の興味関心に、授業内容を合わせることで、能動性を高める方法。例えるなら、料理（授業）を美味しくする、あるいは学生の好む料理を提供することである。

一方、後者は、学生自身の内面環境を正す方法、すなわち「何のためにこの授業を受けるのか」の明確化である。卒業研究であれば、学生が就職先で実際に使える（役に立つ）ように、リンクさせることが有効だ。学会発表や大学院を目標に掲げてもよい。例えるなら、学生を空腹にさせることである。いずれにしろ、学生の深い関与（能動性）を起こさせることが、ディープの主眼となる。

興味なきところ、記憶もなし（ゲーテ・ドイツの詩人） When you lose interest in anything, you also lose the memcry for it. -Goethe

以上の観点から、学習効果を高める（グループ別の）フィールドワークの在り方としては、以下のことが挙げられる。まず、全員、第一希望を通す。教員や大学の都合ではなく、学生を学びの中心におく。

多くの学生にとって、興味関心の有無は、学習効率に大きく影響する。志向性（**Intentionality**）が変わるためである。ただ、個人差も大きく、何でも素直に（それなりに）学ぶ者がいる一方で、興味がないと全く学びが起きない（こだわりの強い）者もいる。私の経験では、前者は女子学生に、後者は男子学生に多い。いずれにしても、何を学ぶか？――これは、学生に決定権がある。

無理強いされた学習は、何ひとつ魂のなかに残りはしない。……子どもたちを学習させ育てるにあたって、けっして強制することなく、むしろ自由に遊ばせる形をとらなければならない。またそうしたほうが、それぞれの子どもの素質が何に向いているかを、よりよく見てとることができる（プラトン『国家』第七巻）No study, pursued under compulsion, remains rooted in the memory…… Hence, you must train children to their studies in a playful manner and without any air of constraint, with the further object of discerning more readily the natural bent of their respective characters. - Plato, The Republic, Book VII

教育は生徒主体でなければならない。何を学ぶか？　何をするか？　それは教師ではなく、生徒が決めることだ（エマーソン）The secret of education lies in respecting the pupil. It is not for you to choose what he shall know, what he shall do. It is chosen and foreordained and he cnly holds the key to his own secret. -Ralph Waldo Emerson

授業として行なうフィールドワークは、あらかじめ用意されたメニューの中から、自分の興味のあるもの（グループ・班）を選択する。例えば、農作業を体験する班、生き物調査をする班、水質調査をする班、森林調査をする班、聞き取り調査をする班、自然保護活動をする班、竹や木の利用方法を学ぶ班など、実施内容は多岐にわたる。いずれの場合も、教員一人当たり、学生五人程度と、少人数体制で行なう。これは、ハンズオン授業の原則である。

もし、用意された「メニュー」に第一希望がない場合は、「白紙」に自分のやりたいことを記入させ、個別フィールドワークを試みる。例えば「ふなずし」の製作を学びたい、という学生がいれば、教員はコーディネーターとなり、その学習環境を整える（ふなずし業者などと連携して実現させる）。テーラーメイドの授業である。すなわち、学生一人一人が〝やどかりのような学校〟と考える。同様の内容を希望する者が複数いれば、グループとして行なう。

一方で、近年は、興味の対象が明確でない学生（すなわち、自分が何をしたいのか分からないという人）が多くなった。生まれたばかりの赤子のようなことをいう。この人の20年間の人生は、一体どのようなものであったのか？　思わず考え込んでしまう。

このような学生に対しては、オムニバス形式でフィールドワークを行なうしかない。例えば、上記のグループ（班）を週ごとに移動する、サマーキャンプのように、様々なことを体験するなど。そうすることで、志向性を醸成する（動機付けを促す、特に内的能動性を高める）。

残念なのは、フィールドワーク自体に興味が起きない、動くのが億劫、何もしたくない（単位だけくれ）といった学生も一定数いることだ……。興味以外の要因（アパシー、うつ、アルバイト疲れ、個性、人間性など）も影響しているのだろう。このような例もまた、紛れもない現実である。教員の負担は何倍にも膨れ上がる。

フィールドワークや実験実習は、アクティブラーニングを促すだけでなく、「現場の目を養う」という重要な目的もある。講義や書籍から得られる知識は、既に「ある程度抽象化されたもの」である。これを更に、抽象思考によってアタマに入れていくわけだが、（講義では）もとの材料が、文字や写真であるから、これ以下の「現場レベル」にまで落とせない。

結果として、文字としての知識はあっても、具体的な（細かな）やり方が分からず、行動できない。だから、多くの知識人は、意見や批判（他責）は得意でも、自分では何もできない（現場力がない）。

一方、フィールド体験は、現場で手足を動かすことで、服を汚したり、日焼けしたり、疲れ果てたりする。時には危険な目に遭ったり、怪我をすることもある。考えて工夫して、それでも失敗することもある。グループのメンバーと協力したり、対立したりしながら、何度も挑戦する。

そのような「生きた方法」で、ディスカッション能力（コミュニケーション能力）を始めとする「様々な現場スキル」および「理論」（教科書の知識）をセットにして学んでいく。したがって、学生は、具体思考（具象思考）から抽象思考の間を、自在に往来できるようになる。

さらに、現場で鍛えられた分、やり遂げる力（精神的強さ、自信）も向上する。このような学びは、現場即応が容易で、行動力・応用力につながる「真の実学的学習」である。

現場で考え、現場で研究せよ（豊田喜一郎・トヨタ自動車創業者）

このように、能動学習と実学を２本のレールとして、フィールドワークが最終的に目指すのは、「自己教育力」の育成である。単なるアタマの良い人・成績優秀な人ではなく、さりとて「行動力だけ」の人でもない。自ら成長できる人間の育成である。

特に、三年次に実施する「発展型フィールドワーク」および、四年次に行なう卒業研究においては、より細分化したテーマで（あるいは、各自テーマを決めて）主体的に取り組む。その内容は、研究・探究の体をなしている。すなわち、放任度の高い「学生主体」のスタイルをとる。

ただし、学生の習熟度、特性、モチベーションによっては、放任が空回りする場合もある。したがって、学生の「様子」を注視しながら、放任度、方法などを調整する必要がある。

人は子どもの頃から、主体的に行動する本能を持っている（好奇心、冒険心による遊びなど）。軍隊のような場所では、放任や個人の自由など許されないが、教育・研究の場では、適度な放任（自由度）が必要だ。

私の知る大学教員（米国）の多くも、放任主義を貫いている。もちろん最初から放任するのではなく、（学生にもよるが）10％程度の放任から始めて、徐々に放任度を上げていき、最終的に一〇〇％近い放任度にまでもっていく。そうすることで、主体性、行動力、独創性、問題解決力、自己肯定感（自信）などを育成している。

フィールドワークなどを通して、このような能力を身につけた者は、将来、指示待ちロボットではなく、自ら考え行動できる「自立した人間」として活躍できるだろう。

教育の最大の秘訣は、教育しないことにある（エレン・ケイ・スウェーデンの教育思想家）What would happen if we finally succeeded in following the directions of nature and recognized that the great secret of education lies hidden in the maxim, 'Do not educate'? -Ellen Key, The Education of the Child

「風の学校」は放ったらかしで、何も教えない学校です。何でも自分でやってみる、失敗することによって自ら学ぶ学校です（中田正一・ＮＧＯ「風の学校」主宰）

私は米国での十二年間、研究も生活も、ほとんど放任の環境にあった。大学や職場の変更で、十回ほど住居を変えたが、最初の一回を除いて、住居探し・引っ越しなどは、すべて自力で行なった。大きな失敗、小さな失敗、無数にあった。夜道で暴漢に遭い、戦ったこともあった！

あの時、私は服を裂かれて出血した。血の付いた手で、公衆電話の受話器をとって、救急車を呼んだ。なかなか来ないので三回もかけた。すると、救急車だけでなく、パトカーも五～六台集まった。ＴＶドラマのようだった。

中東各国を「無計画で」一人旅した。無計画旅行は面白い。なぜなら、次に何が起こるか分からないからだ。何も起きなければ、自分から次々に起こす。不安だが、それがワクワク感でもあり、自由感（解放感）でもある。もちろん、成功・失敗のどちらも起こる。その全てが、経験すなわち貴重な学びとなる。

しかし、最も重要なことは、学んだこと自体ではなく、それら全てが自信（自己肯定感）に自動変換されることだ。「成功はともかく、失敗まで自己肯定感になるのか？」——当然である。失敗を乗り越えたからである。そうやって、自分の強さ・丈夫さが証明され、確認できたからである。

もし放任ではなく、手厚い保護やサポートの下に置かれていたら（過保護ママや、ドラえもんが寄り添っていたら）、失敗はなかっただろう。しかし、自信を手にすることも、なかったはずだ。

放任は不安である。しかし、その不安を自力で克服したときに得られる「自信」は、何物にも代え難い。放任は、自立を促す最強の教育である。

失敗が人間を成長させると私は考えている。失敗のない人なんて、本当に気の毒に思う（本田宗一郎・ホンダ創業者）

うまくいかなくても、やったことは、全部将来の自分のプラスになります（孫正義・ソフトバンク社長）

ところが、近年は、放任を「ハラスメント」と断ずるような（真に信じ難い）文言が、各大学の学則の中にも散見されるようになった。放任主義を一様に、「指導義務の放棄」や「指導力不足」などと解されては、たまったものではない。

残念なことに、学生自身も放任を「教員の怠慢」と見る人が多い。小中高を通して、教えられるスタイル（受動学習）に、慣れてしまっている。いや、それが正しい教育だと、信じているからだろう。

だが、いちいち教員にやり方（答え）を聞いていたら、学生は自分で考えなくなる。自力で何とかしようと思わなくなる。依存癖がつく。指示待ちになる。——それでは、素直なロボットと同じなのだ。

自転車に初めて乗る子どもは、親が後ろで支えている（だから倒れない）と信じて、前を見てペダルをこぐ。だが、親は、いつかその手を放さなければならない。でなければ、自転車に乗れるようになれない。放さなければ、自立できないのだ。

子どもが思春期になっても、後ろで支えたり、寄り添ったり（過保護）、構い過ぎる（過干渉）ような行為は、自立を妨げる「虐待」に他ならない。
無視、差別、仲間外しなどは、イジメ（ヘイト行為）である。しかし、放任は、父性的な教育方法であり、自己教育の練習でもある。放任中、教員は無視しているのではなく、自分一人でできるか、ハラハラと気を揉みながら、見守っているのである。

自力で一所懸命やることが、仕事、人間関係、教育などあらゆる分野に共通して大事なことだ（エマーソン） It is easy to see that a greater self-reliance must work a revolution in all the offices and relations of men; in their religion; in their education; in their pursuits; their modes of living; their association; in their property; in their speculative views. -Ralph Waldo Emerson, Self-Reliance

父性教育の欠点

しかし、手を離した途端、運悪く自転車が倒れ、転んでしまうこともある。もし放任の結果、学生が実験に失敗したり、怪我をしたりすれば、学生（保護者）は、放任した教師の非を問うだろう。教師はハラスメントをした〝犯罪者〟として、懲戒処分を受ける。さらに、その情報は急速に拡散し、教師も大学も、様々な社会的制裁を受けることになる。一度のミスが致命傷にもなる。

このように、父性教育の欠点は明白だ。厳しさによって鍛えられ、強くなる（伸びる、成長する）人間がいる一方で、中途脱落したり、反発したりするなど、「失敗」のリスクを伴う。これは、取りこぼしのない母性教育・保育との大きな違いである（母性教育の欠点は、他所で述べたとおり）。

しかし、父性教育の〝失敗〟については、解釈・判断が難しい。なぜなら、父性教育の効果は（かなり先の）将来に現れる性質のものだから。今の〝失敗〟や挫折が、将来、成功するための土台（糧、バネ）になっている可能性は、恐らく百パーセントぐらいある。

近年は、多くの学生が、父性教育に慣れていない。家庭でも学校でも、父性のない環境で育っているためだ。そのような人は、前述のとおり、父性教育の厳しい指導を、理不尽（イジメ、ハラスメント）と解し、自ら拒否、逃避、あるいは脱落する例が多い。さらには、反発や報復をする人までいる。

もう何年も前になるが、私を貶（おとし）めるデマを流した学生がいた。「胸ぐらをつかまれ、恫喝された」というものだ。何かの仕返し（逆恨み）だろう。噂を耳にした人が、私に通告してくれたので、水面下でこのようなデマが拡散しているのだと知った。近年は、大学にも多様な学生がいる。優秀な人もいれば、その反対の人もいる――幅が大きい。この時は、幸い（大学から）何の処分も受けずに済んだが、事情聴取（取り調べ）は何度も受けることになった。

だが、無罪放免となっても、上記のようなデマは、容赦なく独り歩きする――恐ろしいことだ。近年は、ネット、ＳＮＳ上での誹謗中傷が社会問題となっている。自殺にまで追い込んでいく。殺人と同じだ。しかも匿名である。これはテロリストのやり方、闇討ちや真夜中のひき逃げと同じである。まさに、教育（人格形成）の失敗を表している。

教育現場で起こるハラスメントを、アカハラ（アカデミックハラスメント）と言う。これは、教師から学生に対して起こるだけでなく、その逆方向でも多発している（逆アカハラ）。近年は、中学生が、教師に暴言・暴行する動画が流出するなど、教師の弱い立場に付け込むケースも多い。モンスター牛徒が、教師をにらむ、にやつく、嫌がらせをする……。

教師は、隠し録音や録画を常に意識して（挑発されても）冷静に、言葉を選んで話さなくてはならない。たとえ、冗談でも笑顔でも「バカ」などと言ってはいけない。そこだけ切り取られて、通報／拡散されるからだ。

近年は、もう学生との「飲み会」も、怖くてできなくなった。酔えば、調子に乗って、何か「ユルイこと」でも言いそうだ。言葉足らずで、誤解を招きかねない。冗談も、通じないと危険だから言えなくなった。ネガティブ思考の人は、特に難しい。AIが話すような、機械的・教科書的な学生対応しかできなくなった。

社会全般を見ても、発言を撤回し、謝罪する（謝罪しろ）という事態が頻発している。文脈や背景を無視した、言葉の「切り取り」「揚げ足取り」は常套手段だ。敵意に満ちた、言いがかりや難癖、あら探しも多い。何でも〝ナントカ・ハラスメント〟にされてしまう。一度の不適切発言で、辞任に追い込まれる……。何と殺伐とした世の中か。何と幼稚な人々か。

> 逆境、それはその人に与えられた尊い試練であり、この境涯に鍛えられてきた人は、まことに強靭である（松下幸之助・松下電器創業者）

教師である以上、私は学生を指導する責任がある。だから、言うべきことは言う（もちろん、言い方や言い過ぎには十分注意している）。例えば、「君は、どうも打たれ弱いな～」と言ったこともある。もちろん、「そんなことじゃ社会で通用しないから、もっとしっかりせよ」――という意味で言ったのだが。ところが学生は、これを大学のカウンセラーに報告した。私は至急、大学から呼び出され、当該学生との「一切の接触」を禁止されたのである。

残念ながら、この「命令」の真意を知ることはできなかった（説明なき命令）。私の「言い方」が悪かったのか（人格を否定するような言い方？）。それとも、誰かの要望・圧力だったのか。障害学生だったのか。そもそも、どこにでも書いてあること（打たれ弱い）も禁句なのか？

「学生を鍛える」などと、政府の教育再生実行会議は唱えているが、学生を鍛えることは、以上（長々と）述べて来たように、現場では「禁止」されている。鍛えることは、机上の空論に過ぎない。

私も、他の現場教員も、このような「仕打ち」を受けるぐらいなら、学生にストレス（負荷）をかけない「過保護の教育」をするようになる。また、そうせざるを得なくなる。障害学生だけでなく、その予備軍（グレーゾーン）も多い昨今は、リスクを取らずして、厳しくなどできない。

いつも笑顔で寄り添い、学生が何をしても絶対に叱らない、注意もしない――「いいんだよ」と微笑むしかない。とにかく「ありのまま」を良しとするしかない。

このままでは、将来、本人が、社会で苦しむことになると分かっていながら、「いいんだよ」と作り笑顔をする……。何という不誠実な人間か。

モンスター学生のご機嫌取りも、重要な仕事だ。些細なことでも褒める、おだてる、友達になる……。学生（親）をモンスター化させないためだ。成績も、絶対評価だから、多くの学生に良い評価をつける。学生に嫌われないためだ。これらはすべて自己保身のため？――少なくとも、結果的にはそうなっている。

過保護に徹すれば、大学からは、「丁寧な〝指導〟」「熱心な教師」「トラブルを起こさない〝よい教師〟」として、プラスの評価を受ける。一方、学生からは、「話しやすい先生」「物分かりのよい先生」あるいは「包容力のある先生」として好かれる。（学生が選ぶ）ベストティーチャー賞などの表彰制度まである……。

学生が集まれば、人手が増え、研究もはかどる。教員はその分、ラクができる。それでいて「自己点検評価」の点数も上がる。要するに、過保護は、教師や大学にとっては、いいこと尽くめである。大学がなぜ保育園化しているのか、理由は明白だろう。

一方で、学生との接触・交流を、必要最小限に留める教員もいる。問題を起こさないため・巻き込まれないためである。「当たり障りのない教育」をするのである。


考えてみれば、ハラスメントを監視する側（学生相談室の心理士、カウンセラーなど）は、生徒／学生の教育や将来に関して、何の責任もない。様々な困難（悩み）や、リスクから、生徒をやさしく保護する（ケアする）ことに徹している。だから、あらゆる厳しさを排除しようとする（母性原理）。

一方、現場教師は、生徒の教育（すなわち、将来の成長・自立）に、教師としての責任がある。時として、厳しく指導する必要がある。生徒が嫌がっても、社会の厳しさに耐える力をつけさせる指導が求められる（父性原理）。

要するに、両者は、ベクトルもゴール（目的）も、逆向きなのだ。

もちろん、心の弱い人、病んだ人には、母性的ケアが必要だ（少なくとも当面は）。しかし、そのような特例（？）を除けば、母性・父性ともに、バランスよく存在する土壌が、教育上好ましい。

母性的教員（友達先生、カウンセラー的先生、すなわち、生徒・学生に寄り添い、生徒が心を開いて、何でも話してくれるような先生）が必要とされる一方で、生徒・学生を統率し、厳しく指導する父性的教師（教官）も必要である。

仮に、前者を「明子先生」、後者を「一徹先生」と呼ぶなら、各クラスの担任は、一徹先生で、副担任は明子先生がよい。一方、大学の（小講座制の）研究室では、教授が一徹先生で、准教授や講師が明子先生なら、バランスが良いだろう。もちろん、一徹先生と明子先生の連携、協力関係が重要となる。

ところが、多くの教育現場は、いま「母性一色」に染まっているのではないか。多種多様な「母性ルール」に拘束された現場では、もはや「父性」の居場所はなくなっている。明子先生やドラえもんに保育された子どもたちは、前途多難だろう。

前進は成長、後退は安全、選択はどちらかだ（マズロー・米国の心理学者）You will either step forward into growth, or you will step backward into safety. -Abraham Maslow

教員ではなく師匠を求めよ

大学教員の多くは、教育に関しては素人だ。教育者としての専門教育を受けていない。したがって、正しい教育ではなく、自己流の教育を定年退職まで続けることになる。「教員」でありながら、なぜ教員免許を持っていないのか？　なぜ教育学の知識も技術も「不用」なのか？　大学は教育機関ではないのか？

大学教員の多くは、専門知識だけの研究者である。分野にもよるが、一日中ほとんど人間と接しない研究者も多い。見識も経験も極めて偏った「狭い人間」である。自分が専門とする「ある一点」においては、秀でた能力を有するが、全体を俯瞰する能力はない。——井の中の蛙、大海を知らず（時に己をも知らず）。

大学教員の多くは、社会人経験も乏しい。学生時代のアルバイトや公務員のような職歴しかない。実社会の厳しさに疎い。——世間知らずの高枕である。このような人に、近年増加している（メンタルが）幼弱な学生の指導など、任せられるのか？　これから「社会人」となる人間の教育ができるのか？

現在の日本の教育ほど、うわべは百花繚乱の様相を呈しながら、実は根なし草の教育はない（手塚治虫）

近年は定員割れを防ぐため、各大学は「華やかな売り文句」で、宣伝活動に力を入れている。「豊かな人間性」など、その最たるものだろう。すばらしい人間が出来上がるような言い方だ。要は、そのような「カッコいい文言」が、虚偽や詐欺であってはならない、ということだ。

大学は、自らの言葉に責任を持って、学生の教育・指導にあたらなくてはいけない。――挨拶や返事のできない人間が、「豊かな人間性」のはずがないだろう。

学内では、様々なマナー違反、非常識な行動、盗難まで起こる。しかし、大学は特に何もしない。授業（専門教育）よりも、はるかに重要な教育が放棄されている。「豊かな人間性」など、どの口が言うのか。知育よりも、まずは徳育だろう（余力学問）。

人に教ゆるに、行を以てし、言を以てせず、事を以てせず（意味　人に教えるには、自らの行いをもってせよ。何か言ったり、やったりしてもダメだ）（乃木希典・陸軍大将）

私はこれまで大学・大学院で、人一倍多くの先生から教育・指導を受けてきた。その分、学生として、多くの教員を〝評価〟する機会があった（もちろん、正規の評価ではないが）。その中で、二人の教授（A先生、B先生）のことが最も印象に残っている。

A先生は当時、私の担当教員で、笑顔を絶やさない人だった（作り笑顔で気持ち悪いのだが）。穏やかで、話しやすく面倒見もよく、優秀な教師として知られていた（何度か表彰もされていたようだ）。

ところが、私は、なぜA先生が優秀なのか、全く分からなかった。仮に点数をつけるとすれば、〇点。つまり、皆が言う「良い教師」が、私にとっては「ダメ教師」だったのである。

一方、B先生は、指導教員の一人でありながら、自分では全く研究をしない人であった。過去にも、ほとんど研究歴がなかった。ところが、口達者なB先生は、外交センスがあり、要領よく研究費を獲得していたのである。

当時の私にとって、A先生もB先生も、納得のいく先生ではなかった。「なぜこんな人が教師なのだろう?」「よい教師とは一体どのような教師をいうのか?」「正しい教育とは何か?」といった悩みが、膿のように溜まっていった。そして、悩めば悩むほどに、私は両先生を避けるようになった。

こうして、私は次第に、教育学に関心を持つようになり、特に「良い教師とは?」「正しい教育とは?」の答えを探し求めて、教育大学院に進学したのである。教育の哲学、認識論、政策立案、異文化理解に至るまで、模索・探索の日々が続いた。

結局、その答えを、教育大学院で見つけることはできなかった。なぜなら、正解は、もっと別のところにあったからである(下記)。

思えば、私が〝肌で感じ取った〟良い教師の「共通点」は何であったか? それは、自分が「目標」とするような、何かスゴイところを持った人——すなわち「父性的な人物」であったように思う。弟子が、師匠を目標として師事するように、若い研究者は、教師を(研究者として、人間として)目標にする。そして成長するのだろう。

私が〇点をつけたA先生は、教え方が上手（授業が上手）で面倒見もよい。したがって、小中高や学習塾の先生としては、優秀に違いない。しかし、研究者としては無名であった。研究よりも、教育に多くの時間を割いていたからだろう。

その数少ない研究論文も、機械任せの研究であった。すなわち、研究者の専門的・論理的思考による研究ではなく、高度な分析機器が行なった研究であった。近年は、このような「テクノロジー主導の研究」が多くなった。機械の操作ができれば、中学生でも出来そうな〝研究〟である……。

研究者志望の私にとって、これらは極めて残念なことであった。A先生もB先生も、私の「目標とする人」ではなかった。したがって、尊敬も憧れも畏敬の念も、何も生じなかったのである。

主を恐れることは、知識の始まりである。愚者は知恵も訓育も嫌う（『聖書』箴言1:7）The fear of the LORD is the beginning of knowledge: but fools despise wisdom and instruction. -Proverbs 1:7

三尺下がって、師の影を踏まず（意味　弟子は師を敬い、礼儀を尽くせという教え）俚諺

弟子が目標とする師匠は、「偉大な父」でなければならない。それは（有名とか、社会的地位が高い、ということではなくて）、自分が心底そう思えるか、という一点にかかっている。偉大な師匠は、近くにいるだけで、優秀な教師なのだ。師匠の「立ち居振る舞い」を見て感化され、弟子は「勝手に」育つ。そこには、畏怖の念と緊張がある。そのような師弟関係のもとでは、「教えること」自体、不用なのかもしれない。

幸運にも、当時、私の周辺には、そのような人物（偉大な父）が何人もいた。今となって回想すれば、大変恵まれた環境であったと思う。私は、崇高な目標を目指し（仰いで）、切磋琢磨することができたのである。

「○○の父」と言われる人々は、例外なく偉大である。――例えば、音楽の父（バッハ）、天文学の父（ガリレオ）、近代哲学の父（デカルト）など。一方、「○○の母」と言われる人々（これは少数）は、偉大というよりも、献身的で慈悲深い人々のことだ

（例、近代看護教育の母＝ナイチンゲール、難民の母＝メルケル首相、特攻の母＝鳥濱トメなど）。

「師」という字からして、教え導く人・手本となる人という意味だ（『大辞泉』参照）。「師」には、専門技術をもった人（医師、漁師、漫才師など）という別の意味もあるが、教師や師匠の「師」は、明らかに前者。すなわち、教師とは、父性的な資質を備えた人物のことである。

> 師に仕えるのに、私心があってはならない。しかもどんな場合にも、自分を磨くのが、学問する者の態度である（『修身教科書』、吉田松陰伝より）

大学教員は、学生の目標であり師匠である。幼少期まで父親が果たしていた父性的偶像の役割を、思春期以降の少なくとも一時期は、大学教員（一流の研究者）が担うことになる。学生の目標としての大学教員は、小中高の教員（母性的教員）とは、異質の存在なのだ。

大学教員に教員免許が不用なのは、このような性質によるものだろう（したがって、本節前半で述べた教員批判は、大学教員に限っては該当しないようだ）。

子を育てるに、しっかり教えないのは父の過ち。子を教え導くに、厳しさに欠けるのは師の怠り（『古文真宝』・中国の詩文集、「養子不教父之過　訓導不嚴師之惰」）

幼少期、子にとって父親はヒーロー（目標）だ。しかし、思春期になると、「ただの中年おやじ」に見えてしまう。そして、反抗期が始まる。この時期、父親に代わって、強力な父性をもった「新たな目標」が必要となる（母性-父性表参照）。中学から大学の（最も多感で不安定な）この時期に、父性不在（師匠不在）の時期を送るのは、リスクが高い。自我の形成に支障をきたす――「生き方の手本」が無いからだ。自分が「将来なりたい」と思えるような師匠（大学教師を含む）が、思春期の人間的・精神的成長には必要である。

父になることは、人生の頂点に昇りつめた男ができる最も価値のあることだ（アリストテレス）Being a father is the most rewarding thing a man whose career has plateaued can do. -Aristotle

よい親父がおらんかったら、自分で探さにゃ（ニーチェ） When one has not had a good father, one must create one. -Friedrich Nietzsche

「自分」は最も身近な実験動物

放任主義も、そのための動機付け（内発的、外発的）も、分野を問わず、その重要性は古くから認識されている。一方で、これらが上手くいかないケースも見られる。例えば、無気力・無感動（アパシー）――これらは、程度の差はあっても、近年、多くの学生に見られる〝疫病〟である。この状態の学生に対して、最初から放任主義を適用することは妥当でない。慎重な対応（合理的配慮）が求められる。

問題は、このような学生の内に「どうやって火をつけるか?」という点である。火をつけ、主体性（やる気、意気、意欲）を引き出す。自分の足で立ち、自分の人生を歩けるように、生きる力を涵養する。そのためには、まず、火を付け、命を吹き込まなくてはならない。

自分はこれが好きだと思い、自分はこれを職業としたいというものを発見させるのが、教育の主眼のひとつであろう（本田宗一郎）

火をつけるとは、画竜に魂（目）を入れること、動機付けをすること、やる気スイッチを入れること。すなわち、教育を起こさせる大元である。目のある画竜は、多少の波風に叩かれても、折れない、くじけない、へたれない。倒れても起きる。何度でも起き上がる。

一方、火の消えた状態とは、目を欠いた画竜――すなわち、やる気がない状態（無気力・アパシー）、指示待ち状態、自我同一性拡散の状態である。あらゆる逆境に弱く、多少の風雨で倒れてしまう。病んでしまう。起き上がる力も、気力もない。

ソクラテスの時代から二五〇〇年を経た今も、未だ、火をつける方法がよく分かっていない。それどころか、火の消えた人間が増加しているではないか。馴れ合いの同世代集団も、火がついているように見えない。

教育学者は二五〇〇年もの間、一体、何をしてきたのか。火をつけるのは、教育で最も重要なことではないか。教育の「枝葉論」や「対症療法」などでなく、まずはこの本質的な問題に取り組まなくてはならない。「火をつける具体的な方法」が分からなくては、何も始まらない。

教育とは、火をつけることであり、入れ物を埋めることではない（ソクラテス／プルターク）Education is the kindling of a flame, not the filling of a vessel. -Socrates or Plutarch

そもそも「無気力」とは何か？　それは、満たされた環境（欲のない環境）で起こるものだ。昔、生活が貧しかったころは、「貧しさを解消すること」（満たされること）に、皆が強い関心をもって奮闘していた。人々は、無気力などではなかった。つまり、無気力から脱するには、「満たされないこと」（＝不足、不満、不安など）および、これらが作り出す強力な欲（欲望、欲求、意欲）が必要である。

イジメ（ハラスメント）も、これと同じだろう。イジメを受けている人は、「イジメを無くす方法」、あるいは「イジメを回避する方法」を知りたいはずだ。そして、イジメから解放されたい。自分のために（そして自分と同じ弱者のために）、何とかしたいはずだ。

その気持ちは、無気力や無関心などではない。イジメを受けて悩んでいる人は、イジメの心理、発生機序、防止方法などを意欲的に学び研究し、そして教師になって、イジメのない学校づくりに、情熱と使命感をもって取り組んでもらいたい。

要するに、身の回りの「満たされないこと」に関しては、皆、強い関心を持っている。特に、その原因の解消において、当人は、関心がないはずがない。したがって、無気力から脱するための処方箋は、自分の「満たされないこと」に対して、一所懸命に取り組むことだ。

満たされないこととは、貧乏やイジメに限らず、自分を取り巻く様々な不満――自分の病気のこと、自分の性格や容姿のこと、自分の学力や運動能力、進路選択、育児、人間関係、生活上の問題点など、そして、無気力自体もそうである。自分自身の苦しみ・悩みの解消に関しては、誰でも強い「欲」を持っている。そこが、無気力の突破口に違いない。

反対に、自分から距離のある問題――環境問題、食料自給率、少子高齢化、過疎化など、多くの社会問題――に対しては、なかなか興味関心を抱きにくい。とかく「他人ごと」と思ってしまう。そのような問題が、無気力から脱するに十分な動機（モチベーション）になるとは思えない。

しかし、自分が、今まさに悩み苦しんでいる問題においては、無関心ではいられない。それを一所懸命（意欲的）にやればよい。

欲のない環境（満たされた環境）においては、各人が自ら「欲を作り出す」ことが重要だ。そして、それを満たすことで、喜びを「生産する」のである。すなわち、欲を作り出すための「我慢」や「辛抱」が、まず不可欠である。自ら禁欲できない者（意志の弱い者、乳幼児など）は、周りの協力が必要だろう。

人間は「欲」を満たしたときに、喜びを感じる。欲は「不満」から発生する。したがって、「不満」は、喜びの種ということになる（図２参照）。

欲は生きる理由であり、満足は死である（バーナード・ショー・英国の劇作家）
As long as I have a want, I have a reason for living. Satisfaction is death. From Overruled,
-George Bernard Shaw

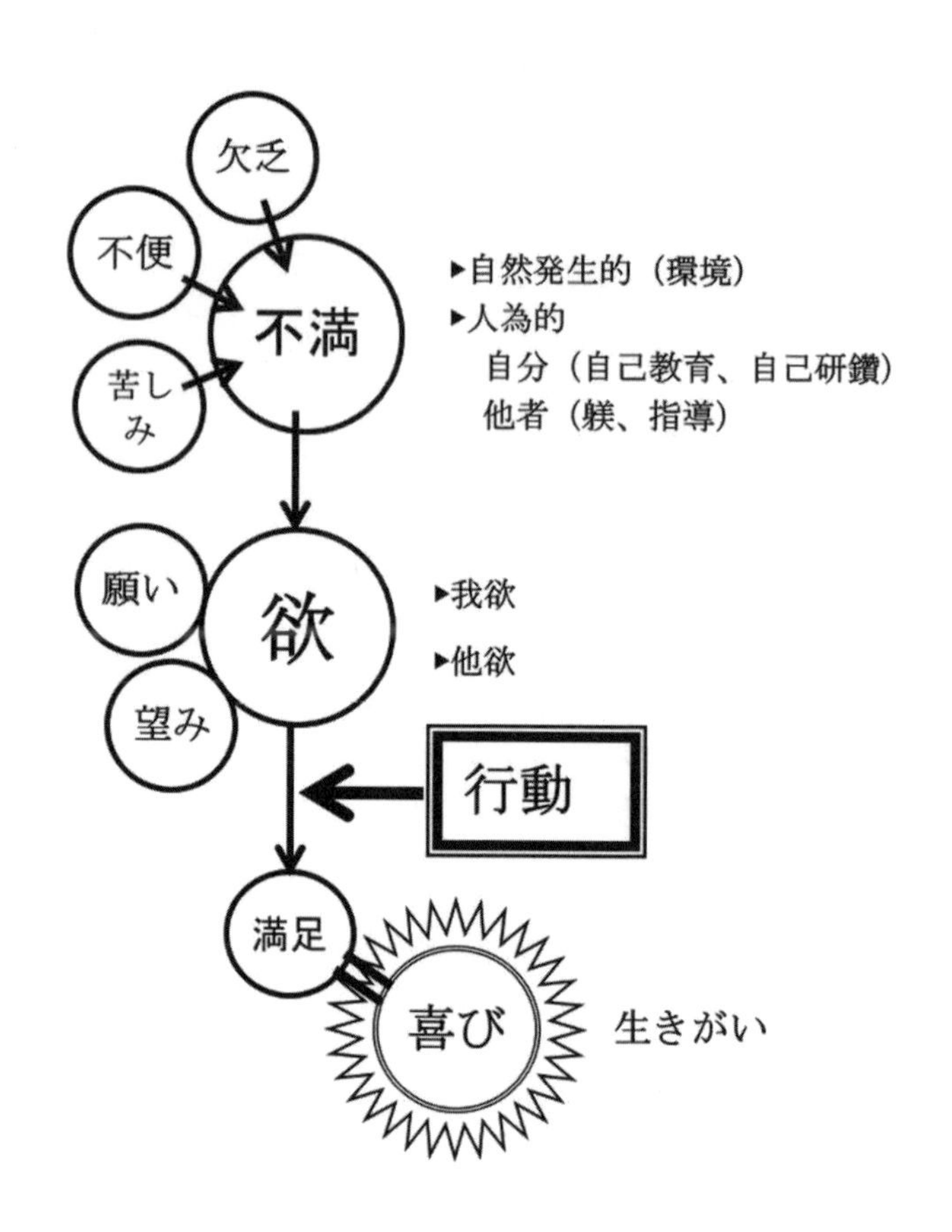

図２．不満は喜びの種　（不満ｘ行動 ＝ 生きがい）

火のつけ方（方法論）

(1) 目的地を具体化する・Live a goal-driven life.

a 「自分の好きなことは何か？」「楽しいことは何か？」自問自答し、探究心をもって主体的に取り組む。不義不徳なこと以外なら、何でもよい。①興味のあることは、効率的に覚えられる。②好きなことは、疲れない・やるほどに、ストレスから解放される。①×②＝好きこそ物の上手なれ。

b 「自分の得意なことは何か？」を考える。特に、自分にできて、他の人にはできないことを探す。他人と比べることが「自分の才能」に気付く上で必要。「昨日の自分と比べる」は不可。なぜなら、自分が血のにじむほど努力して、ようやく出来るようになったことが、他人は、普通に出来てしまう場合も多いから（例えば、スポーツ、数学、音楽など）。

c 「社会的に重要なこと」「人を助ける仕事」に携わることで、使命感、自己肯定感（誇り）を得る――医療、教育、福祉、消防、自衛隊、奉仕（ボランティア）など多数。面白いこと・好きなことは、社会的に重要なものもあるが、そうでないものも多い。自分のやっていることが「社会に不用・無意味」の場合、若いうちは気にならなくても、年を重ねるに従って行き詰まる。自分のためだけに生きている人は、人生のどこかで虚しさに苛まれる（図3参照）。

d「自分の、最も満たされないことは何か？」を見極める。その不満に対して一所懸命に取り組む。不満 ＋ 行動 ＝ 喜び（上記および図2を参照）。

e「目標とする人物」「憧れの人物」「ロールモデル」を見つける。その人物（師匠、お手本）を真似る、助言を受ける、弟子入りする。

f「父親、母親の仕事」「身近な人の仕事」を見る、手伝う。生き方、考え方のヒントをつかむ。

g 「誰かが喜ぶこと」「感謝されること」「応援してくれること」をする——承認欲求の利用（多くの客商売、歌手、役者、医者、ボランティア、客との距離が近い料理人など）。ピグマリオン効果。

h 「できるだけ多くのものを見る・やってみる」——ギャップイヤー、スタディツアー、バックパッカー、ワーキングホリデー、フリーター、インターンなど。何が自分に合っているか、やってみないと分からない。モラトリアム期間は、とにかく行動することが大切。やったことは、成功失敗に関係なく、全て自分の力（経験値）になる。ただし、致命的な失敗を除く。致命的失敗の一つが、何もしないでいること（図4）。

i 「就職してみる」——仕事をすれば、自分に必要な知識・技術が明確になる。得手不得手も分かる。必要性が認識できれば、自ずとやる気（学ぶ気）が起こる。学習意欲が高まったところで、貪欲に学ぶ——例えば、社会人学生、リターン学生、通信制大学など。しかし、仕事を通して十分な学び（成長）があるなら、あえて大学・大学院に戻る必要もない。

j　「もしかしたら、自分にもできるかも」と高望みをする、夢を見る、ダメモトでやってみる。やらないと一生後悔すると思え。目標が高いほど、それを達成できる可能性は低くなる。しかし、本気でその頂を目指したなら、その五合目とか三合目には到達できるはずだ。すなわち、目標は高いほどよい（世界一など）。

k　「クリエイティブなことをする」――自分の作品をつくる。自分にしかできないものを作る。料理、菓子、農作物、新製品、小説、陶芸、絵画、建築など、製造全般。クリエイティブなことは、自分の存在を可視化する。

⑵　目的地（目標）に到達するための手段、方法を明確にする。

a　遠方の目標（何十年も先の目標）だけでなく、その中間や直近の目標も立てる。日課（日々の習慣）も作る。

b　経験者（先生、先達、上司、専門家など）のアドバイスを謙虚に聞くことで、年功の知恵を頼る。年寄りの経験（結晶性知能）を吸収する。

c　自分のオリジナルな方法で勝負する。物事を成し遂げる方法は、無数にある。自分の得意な（できそうな）やり方でやってみる。

⑶ 自分の周辺環境を整える。人は、周囲の環境（特に人間）から強い影響をうける、流される。したがって、自分の周辺環境を、慎重に選択・設定する（孟母三遷）。

a　マイナス思考の人、無気力な人、悪い友人、怪しい書籍、有害無益な思想などと関わらない。

b　応援してくれる人、元気が出るような人と関わる（同志、友人、身内、カウンセラーなど）。

c　自分と違う考え・価値観の大人と、積極的に関わる。タテの良い人間関係を多く作る。特に、師匠やメンターを作る。

d　自分を鍛えてくれる学校に入る。思い切って入れば、あとは学校任せ（ある意味ラクな方法）。全寮制学校（ボーディングスクール、山村留学、自立支援学校）、厳しい部活動、海外留学、ボーイスカウト、アウトワード・バウンド、高等工科学校（自衛隊）、防衛大学校など。

e　ライバルを見つける（作る、知り合いになる）。スポーツを始め、多くの分野で、ライバルの存在は重要。点数評価・相対評価などの競争原理を導入することで、優劣の差を「見える化」すると効果的。

(4) 感情をかきたてる体験をする。進んで刺激を受ける。悲しむ、怒る、喜ぶ、共感するなど。特に、怒りのパワーを上手く使う。内向的な人、無気力な人は（意図的に）怒りの感情を行動力の燃料にする。「憤」の字には、①怒る、②やる気になる（発憤する）の両方の意味がある。

(5) これまでと「全く違った環境」でしばらく生活する。ボランティア活動、ワーキングホリデー、海外生活、農村生活、過疎地の生活、離島生活など――違った世界で、違った価値観・人生観に接する。環境が変わると、多くの遺伝子の発現が、オン／オフになる（エピジェネティクス）。——すなわち、自分が変わる。

⑹ 自分の甘えや偏見をあぶり出すため、違った価値観や人生観に触れるため、他者の生き様から学ぶ。偉人伝、映画、ドラマ、ドキュメンタリー映像など。先祖に偉人がいれば、なお効果的だろう。

⑺ 自分を危機的な状況（ピンチ）に追い込む。甘えを許さない環境、野生の環境、逃げ場のない環境で、自分を実験する。ただし、自分の限界点（**Breaking point**）を超えてはいけない。「もう限界だ」と思ったら、逃げよ（退職、不登校など）。しかし、多くの人は、この限界点付近（ギリギリの状態）で、超人的能力・才能を発揮する。人間的成長も、この限界点付近で、最も促進される。

⑻ 「できない」「やらない」「やる必要はない」「無理」「仕方ない」といった選択肢を完全排除。「できない理由」を探して安心しない、正当化しない。「できない人」「やらない人」を見て安心しない。時代、政治、世代、学校、親（遺伝子、

生い立ち）などの「せい」にしない。被害者意識を持たない。どうにもならない理由に責任転嫁しない。ラクな選択肢に飛びつかない。何事も、やるしかない、何とかするしかない。

⑼「運がよい・悪い」を言い訳にしない（考えない）。実力と気力が十分にあれば、たいていの不運には勝てる。何度でも再挑戦できる。さらに、不運も失敗も、自分を鍛える（強くする）好機となる。

⑽チャンスは逃さない。チャンスは、いつ巡って来るか分からない。だから、常々準備しておく（地道に自分の実力・価値を高めておく、自己研鑽を怠らない）。

⑾病気の場合（病弱、様々な障害など）。専門医と相談しながら進める（合理的配慮に基づく支援を受ける）。一方で、何でも「病気のせい」にするのは、甘えや現実逃避の可能性もある。「病気だから仕方ない」――しかし、その欠点は、実社会では、そのままマイナス評価になる。半人前とされる。すなわち、「仕方ない」

ではなく、自分のために「何とかする」しかない（欠点を克服する、出来るよう工夫する、自分の秀でた能力を伸ばす、資格を取るなど）。

最も重要なのは、これらの方法ではなく、火が付くまで行動することだ。行動を起こすこと、行動し続けることである。

しかし、周りの人間が、これを強要してはいけない。時間がかかっても、本人が、自分で動き出すしかない。本人が「自己教育」を起こすことが重要である。

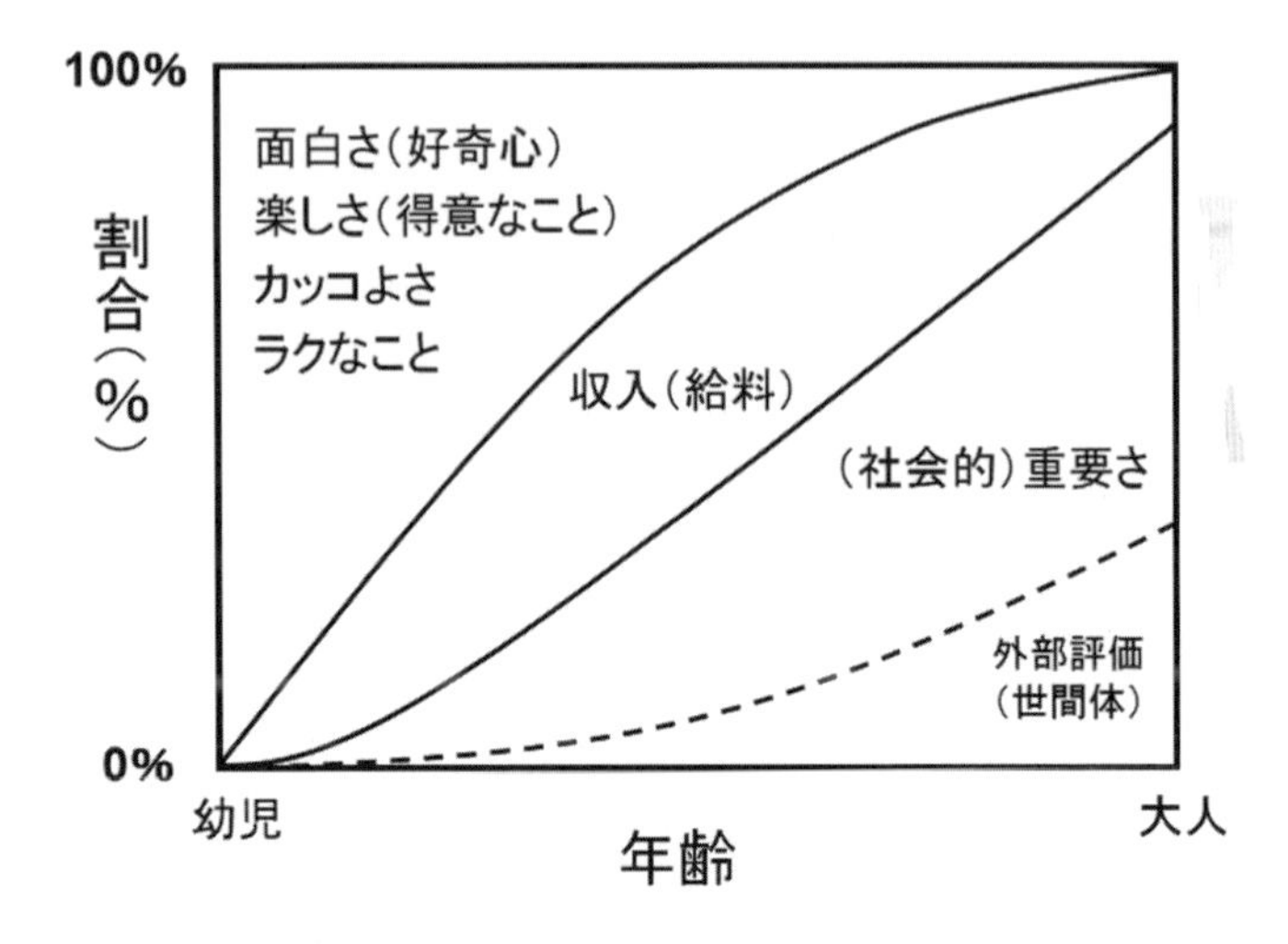

図３．自分のためだけに生きる人生は、虚しい

男たちは、自分の職業が、他のどの職業よりも重要だと信ずるか、自分で思いこむ以外に、その職業を持ちこたえることは、まずできない（ニーチェ）
The right profession. - Men can rarely endure a profession of which they do not believe or convince themselves it is at bottom more important than any other. Women adopt a similar attitude towards their lovers. -Friedrich Nietzsche

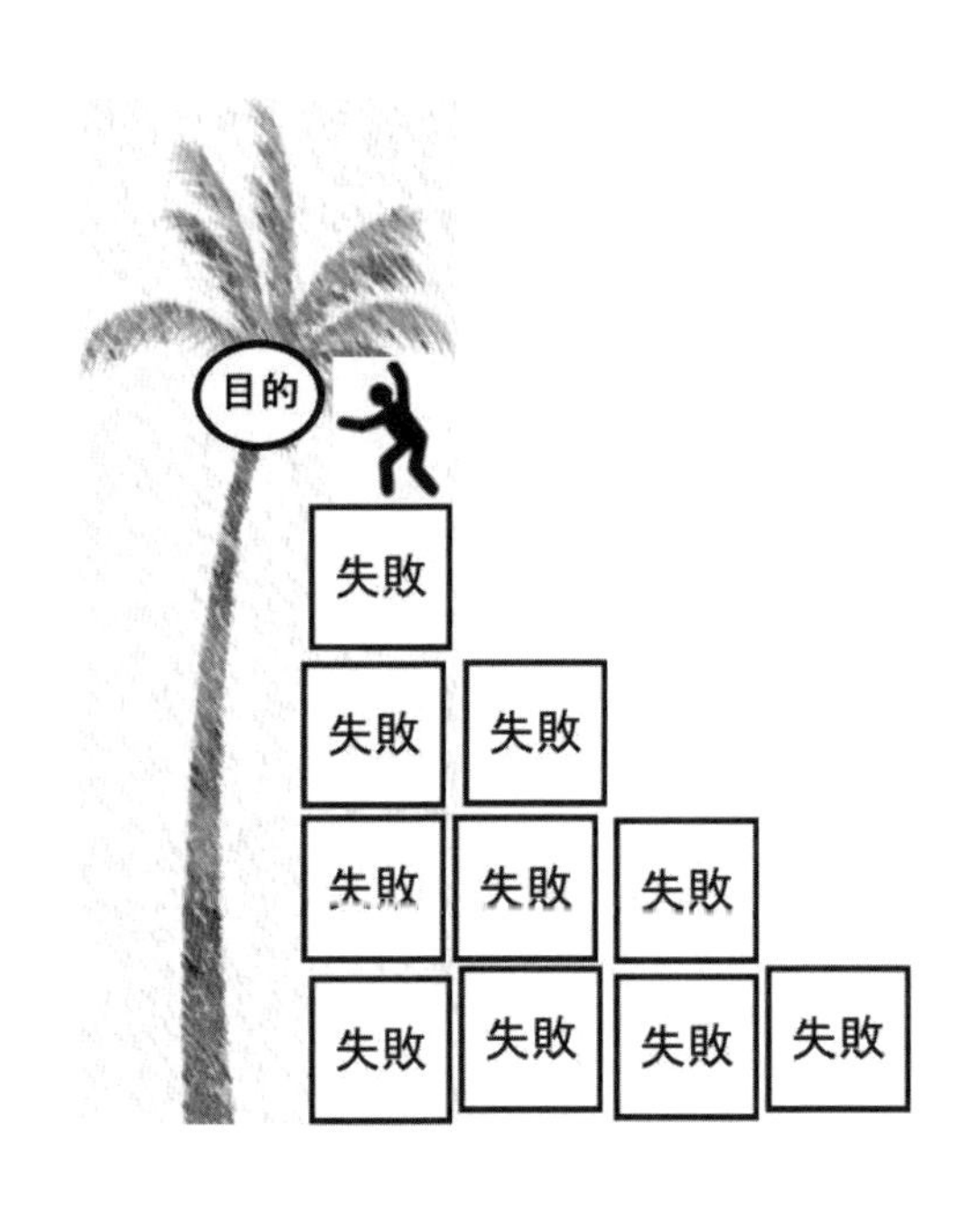

図４．失敗を積み重ねて、成功（目的・目標）を勝ち取る

失敗とは、敗北や負けではなく、ヒントをつかむことであり、成功に一歩近づくこと。さらに、失敗の末に、成功を（自力で）勝ち取ることで、人は自信をつける・自己肯定感を高める。だから、何事も「自分で」やってみる、行動することが大切（ただし、生死にかかわる失敗は、許されない。また、同じ失敗を繰り返すのは、愚かしい）。

第四章

天才は一芸に秀でる

誰しも才能が開花する天職がある。自分に対して一切の空間が開かれるような方向が一つはあるものだ（エマーソン）Each person has his or her own vocation. The talent is the call. There is one direction in which all space is open to you. You have faculties silently inviting you there to endless exertion. -Ralph Waldo Emerson, Spiritual Laws

人間力という奇妙な言葉

近年は、人間力という物差しで、人を「査定」する風潮が高まっている。社会生活に関わる動詞の、おおよそ全てに「力」を付け、それら全ての〃力〃が、人間が生きていくうえで、重要であるかのように論じている。

持続力、適応力、共感力、受容力、経験力、理解力、発想力など――すなわち、人間力が「〇〇力」の合計点のような扱いをしている。点数の高い者を「豊かな人間性」などと評している。会社や組織を動かす「丈夫で忠実な歯車」を製造・選定しようというのか。

日本社会を動かす「歯車人間」の役割は、確かに重要だ。しかし、歯車人間は、一般に、「いつでも交換可能」である。どのような要職であっても、例えば、総理大臣が突然亡くなっても、代わりはいくらでもいる。官職も役職も同様だ——まったく・困らない。

一方で、社会には、歯車以外の（特殊性の高い）人々も多い。この手の人間は、代わりがいないか、少ない。例えば、一流の選手、芸術家、研究者、名医、名人など。このような「専門に秀でた能力」もまた、社会にとって重要だ。

しかし、社会以上に重要なのは、まず「自分」だろう。自分は、どうなのか？　周りの評価がどうであれ、社会的地位がどうであれ、年収や安定性がどうであれ、「歯車ではない生き方」のほうが、自分らしく（自由で）楽しいのではないか。

人が生きていくうえで、必要とされる「〇〇力」は、仕事や生き方によって、大きく変わる。例えば、コミュニケーション能力や、協働力（協調性）などは、営業職やチームで仕事をする場合には重要だ。しかし、作家、芸術家、技術者（職人）、農業、工場勤務、個人プレイの選手などでは、重要度はずっと低くなる。

ダーウィン、ダビンチ、モーツァルト、ベートーベン、ガリレオ、エジソン、アインシュタイン、スピルバーグ、ジョブズ、ゲイツ、信長、龍馬など——発達障害といわれる偉人たちも、人並みにコミュニケーション能力や協調性があったら（あるいは、特別支援教育によって、そのような能力を身につけていたら）、ごく普通に就職して（就職できて）、平凡なサラリーマンになっていたのかもしれない。

そもそも、発達障害は全て「障害」なのか。欠陥人間なのか。そうでなければ、これは差別用語ではないか。昔は「個性」として受け入れられていた違いが、今は「障害」と烙印され、イジメ、陰口、排除などを正当化する口実になっているのではないか。

能力の種類は、多くあればよい（あった方がよい）というものではない。何でもできる人が、優秀なのではない。人間力全体を高める必要など、毛頭ない。誰しも長所短所がある、好きなことと嫌いなことがある。その凸凹が極端な人も多い。人は、自分の武器となる「〇〇力」を一つ持っていれば十分だろう。何か得意なこと（尖った能力、取柄）があればよい。そしてその一点に集中して、技を極めればよいではないか。

人間力を高めること（何でも出来ること）が、教育の目指す方向だとしたら、技術職人も、芸術家も、人間国宝も、金メダリストも、ノーベル科学者も、全て「落ちこぼれ」になってしまう。ずいぶん間抜けた考えではないか。

誰にも得手不手がある。絶対に人を見捨てるようなことをしてはいけない（吉田松陰）

オタクとは仲良くしておけ。将来彼らの下で働く可能性が高いから（ビル・ゲイツ・マイクロソフト創業者）**Be nice to nerds. Chances are you'll end up working for one. -Bill Gates**

人生の（生き方の）選択肢は無数にあるのに、学生も教員も皆、大卒&企業就職しかないような——人生その「レール」しかないような——考えをしている。例えば、第一次産業に従事して、日本の食を担うとか、過疎地や山奥で野生の鳥獣を獲って、狩猟採集生活をするとか、自給自足生活をしながら、陶芸や文筆など創作活動をするとか、離島で魚介類を採って悠々と暮らすなど……。毎日、マイペースで、自分らしく、自分が喜ぶ生き方をしたらどうか。

海外に出るのも選択肢だろう。国際協力、平和維持活動、NGOなど——やりがいに満ちた仕事ではないか。西岡京治（農業指導者）、中村哲（医師）、山本美香（報道記者）のような「生き様」に憧れる若者は、一人もいないのか？

昔と違って、現代は自分の人生を、自ら「自由に」選択・設計できる時代、何にでもチャレンジできる時代である。この夢のような特権（人生最高の贅沢）を、自ら放棄してどうするのだ？　「自由は当たり前」などと、勘違いしているのか？――とんでもないことである。

毎年、大学では、企業説明会や就職セミナーを開催しているが、「人生説明会」とか「生き方セミナー」こそ、モラトリアム期の学生には必要だろう。何年か前に、「海女になりたい」という学生がいたのを思い出す。これぞ生きがいの選択だな～と、私はいたく感心した（もっとも最初は、「尼になりたい」と聞こえたので、大変ショックだったが）。

卒業後、企業に40～50年勤めるにしても、そこに「生きがい」がなければ、暗くて長くて、しかも「出口のないトンネル」のような人生になるのではないか。息苦しいのは当然だ。

昔のように、仕事に「のめり込む」ワークスタイルが、近年は少なくなった。「企業戦士」「モーレツ社員」なども死語になった。同じ「仕事」でも、前向きに働くのと、「働かされる」のとでは、ストレス度がまるで違うのに……。

多くの人は、生活のために仕方なく仕事をしている。いや、させられている。それでは、ストレスが溜まって大変だろう。そんな「拷問のような人生」を、なぜ自ら選ぶのか？

近年、日本は、深刻な人手不足となっている。外国人労働者も増加している。学生の就職活動も、完全な売り手市場となっている（現在はコロナ禍で、追い風が止んでいるが）。

人間力のある〝優秀な〟学生たちよ。企業の落とし穴に落ちぬよう、人生を／自分を、見失うことのないよう、くれぐれも用心したまえ。

> 人生とは、道を歩くことではなく、自分の道を造ることだ（エマーソン）Do not go where the path may lead, go instead where there is no path and leave a trail. -Ralph Waldo Emerson

魚類のもつ「神業」

私は琵琶湖のほとりの大学で、「魚類学」の講義を担当している。講義中は、「すごい」「とんでもない」などの言葉をよく使う。——動画を見せつつ、様々な魚の「神業」を紹介するのである。趣味で二百種類以上の魚類を飼育した経験から、第一人称で話すことが多い。

いま世界には、実に多種多様な魚類が生息している。それぞれの種は、独自の生息環境に適応した生理・生態的進化を遂げている。どの魚も、固有の特殊能力（才能）を駆使して、「過酷な野生」を生きているのである。能力の種類は違うけれども、どれも神業（神技）の域にある。それらは、種が生存・繁栄のために獲得した驚異的能力であり、大変興味深い。

フグは魚類の中で最も進化した分類群といわれる。もちろん、当の本人たちは、自分たちが最も完成度の高い〝最先端の魚類〟だとは、知る由もない。むしろ劣等感に苛まれているのではないか——無様な格好（フグは河豚と書く）、泳ぎが下手など。

しかし、フグは他の魚にはない「特殊能力」をいくつも持っている。進化の過程で、そのような能力を獲得したことで、生存競争に勝ち、繁栄しているのだ。その特殊能力とは何か？

最もよく知られているのは、卵巣と肝臓に強い毒素を蓄えていることだ。しかし、この能力は、自分が捕食されるまで使えない。すなわち、自分ではなく、種族（集団）を守るための能力である。

ところが、最近の研究で、フグ毒には忌避効果もあることが判明した。大きな魚が、フグ（の稚魚）を捕食しようとして口の中に入れると、フグの皮膚に分布する毒素から危険を察し、反射的に吐き出すのである。

フグが風船のように膨らむことも、よく知られている。大きな魚に捕食されそうになると、水や空気を瞬時に胃の中に取り込んで膨らむ。そうして、呑み込めない大きさになって、捕食を免れる。大きく膨らむことは、威嚇効果もある。一方、ハコフグの類は、膨らむことはできないが、硬い外骨格を持つことで、大きな魚に食べられない構造になっている。ハリセンボンのように、棘を持ち、更に捕食されにくくしているフグもいる。

フグの歯も特徴的だ。ピラニアに匹敵する鋭利な歯で、エサをかじる。これは、エサの大きさや硬さに関係なく、何でも捕食できる点で極めて合理的だ。

フグは産卵においても、特殊な生態をもっている。クサフグ、ヒガンフグなどは、波打ち際で産卵する。卵は砂に埋もれて守られる。生残率を高くする神業である。海底に大きな円形幾何学模様の産卵床（サークル）をつくる種もいる。

一方、ヒラメ、カサゴ、アンコウなどの底魚は、フグよりも泳ぎ下手だ。しかし、彼らは擬態の名人で、自分の体を周囲のものに、見事に同化させる。だから、いるのか、いないのか分からない。エサとなる小魚が近くに来るのを、じっと待ち伏せる。

ひとたびエサが「射程距離」に入ると、目にも留まらぬ速さで仕留める。このとき、エサに跳びつく種もあれば、エサを周囲の水ごと吸い込む種も多い。少数だが、疑似餌（ルアー）を使う種までいる。まさに、進化が生んだ驚異の能力である。

イワシなどの小魚は、群れることで捕食を回避するが、意外と知られていない起死回生の術がある。それはウロコだ。イワシのウロコは、剝がれやすく出来ている。何のために？　それは、マグロ、ブリ、カツオなどに食いつかれたとき、ウロコを犠牲にして、体を「つるりと」逃がすためだ。忍者さながらの術ではないか。

メダカは、その「か弱いイメージ」とは裏腹に、驚異的に強い魚である。他の魚が住めないような、過酷な環境でも生存できる（例えば、お風呂の湯ほどの高温、氷水ほどの低温、酸素が少ない水、真水、海水、汚い水にも耐える）。だから、初心者でも飼いやすいのだ。

他の魚類も、それぞれ独自の神業を有している。水上の昆虫を捕らえる能力（アロワナ、鉄砲魚など）、超高速でエサを捕らえる能力（ガー、マグロなど）、特殊な消化器官（コイ、テラピア、ボラなど）、空気呼吸（ドジョウ、ライギョ、ナマズ類、古代魚など）、レーダー（モルミリス、グラスナイフ、サメなど）、発電魚、巣を作る、口内保育、胎生（卵胎生）、寄生、性転換、音に敏感など――能力の種類は千差万別である。だが、ひとつ共通しているのは、どの魚も独自の能力を駆使して、野生の厳しい生存競争に勝ち続け、長い長い進化の歴史を生き延びてきた、ということだ。どの種も何らかの神業級の能力（才能）を持っているのである。

自己を信頼することは、成功の第一の秘訣だ（エマーソン）Self-trust is the first secret of success. -Ralph Waldo Emerson

哀れな宝の持ち腐れ

ところが、このような〝超人〟たちを、エサを十分に与えて（水槽などで）飼育していると、その種が持っている神業は見られなくなる。エサが十分にある恵まれた（過保護の）環境では、神業を使う必要が無くなるからだ。家畜化されるのだ。さらに、家畜化した超人たちは、自分が神業の持ち主だと知らないでいる。なぜなら、一度もそれを使ったことがないからである。

これは現代の恵まれた環境下で、何不自由なく「無欲」「無気力」に生きている人間の姿に似ている。何らかの才能を秘めているにも関わらず、それを使う必要のない「平穏な環境」に居るために、自分の才能に気付いていない。

この隠れた才能や天職を探し出すことを「自分探し」と言うのだろう。しかし、平穏無事、暖衣飽食の環境の中にあって、自分探しなど到底不可能だ。

各人の才能は、神のみが知る。それは表に現れて初めて、その存在が分かる（エマーソン）That which each can do best, none but his Maker can teach him. No man yet knows what it is, nor can, till that person has exhibited it. -Ralph Waldo Emerson, Self-Reliance

一方、水槽の魚たち（家畜魚、ニート魚）は、その状態で何不自由なく生きているのだから、当人としては、何の問題もない（むしろ理想的、予定調和）ということだろう。しかし、若くて健康で、何らかの才能があるにもかかわらず、ただエサを与えられて飼育されている無気力な魚は、とても醜い、見苦しい。過保護な環境でスポイルされた「廃人」である。

さすがに、魚を飼育している愛好家たちは、このような見苦しい姿を毎日眺めて楽しんでいるわけではない。時には彼らを本気にさせ、神業級の才能を見せてもらう。例えば2〜3日絶食させて「ハングリー」な状態にする。そしてエサをやる。

すると、（水槽の中の廃人たちは）エサを入れた瞬間、目にも留まらぬ速さでエサを争奪する。当然、自身の持つ「奥義」を遺憾なく発揮する。あまりの本気度に、水槽の水が飛び散る、あふれる、床が水浸しになる……。この「スゴさ」を楽しむのである。

さて、私はこれが無気力人間を「本気にさせる方法」として、有効なのではないかと考えている。普段の満たされた状態を脱し、野生の厳しい環境で自分を試す。自分の神業（才能）を呼び出すのである。

だが、これらを「自力で」行動に移すのは難しいだろう――すでに「憶病」「無気力」といった難病に罹っているからだ。

引きこもりは、「そっとしておく」「自分で動き出すまで気長に待つ」などと言われるが、引きこもりが長期化すれば、同居者（家族）は精神的・経済的に疲弊する。本人は年齢も上がり、社会復帰がますます困難になる。家庭でも社会でも、問題行動を起こす危険も高まる。当人のため、家族や社会のためにも、部屋（洞窟）から「引きずり出す」以外、選択肢はないだろう。

しかし、誰がそれをやるのか？――もちろん自分である。周囲の協力が必要な場合は、「自分で」それを求めなければならない。引きずり出すための「きっかけ」や「環境」を、自他ともに見つける・作る・提供するなど、多種多様な試みを、地道に行なうしかない。

人生はどちらかです。勇気をもって挑むか、棒にふるか（ヘレン・ケラー）Life is a daring adventure or nothing at all. -Hellen Keller

野生の厳しい環境で、自分探しに挑んだ君は、どのような才能を発揮するか分からない。百人百様だろう。その種類に違いはあれども、本当のピンチが迫ったとき（あるいは自分の土俵に上がった時）、何らかの神業が姿を現す。自分を実験することで、自分の中の才能を「発掘」するのである。

厳しい野生の世を、武器もなく歩けない（及び腰になってしまう）。しかし、ひとたび自分の才能（武器）を見つけたなら、心の在り方は大きく違ってくる。野生の環境（外の世界）に自分を置いてみる――その第一歩が、奇跡を起こすだろう。多くのことに前向きになれる。様々なことに挑戦する「勇気」が湧いてくる。

しかし、絶体絶命の環境には、注意が必要だ。例えば、「メダカは強い」と上記したが、ブラックバスなどの肉食魚（天敵）がいる環境では、生きられない。ブラックバスのようなパワハラ人間や悪人のいる環境は、メダカにとって過酷なのだ。「このままでは死ぬ」と思ったら、必ず、死ぬ前に逃げよ。大丈夫、「逃げるが勝ち」という諺もあるのだから。

だが、それでも、ギリギリまで我慢する（踏ん張る）ことは重要だ。なぜなら、「ギリギリ」や「ピンチ」こそ、才能や神業が姿を現す「領域」だから（前述のとおり）。

自分を破壊する一歩手前の負荷が、自分を強くしてくれる（ニーチェ）What does not kill me makes me stronger. - Nietzsche, Twilight of the Idols

才能とは、自分自身を、自分の力を信じることだ（ゴーリキー・ロシアの作家）
True talent comes from belief in yourself, in your own power. -Maxim Gorky

自分の土俵で生きる

そもそも、引きこもり自体は、悪いことではない。恥ずかしいことでもない。私は、特に内向的な学生に対しては、「引きこもり的な仕事」を勧めている。企業に就職して、自分の特性に合わない仕事を「させられる」のは、不幸だと思うからだ。生きづらいと思うからだ。人生、自分の苦手なことで、我慢・苦労をすることはない。

自分の土俵（得意分野）で戦わなくては、勝ち目どころか、生き残るのも難しい。第一、自分の弱点が露呈して、面白くない。自己肯定感も低下する。ストレスを感じない自然な生き方がよい。すなわち、引きこもり的な仕事（対人スキルを必要としない仕事）をすればよい。あるいは、会社人間以外の「別のライフスタイル」も選択肢だろう（上記）。

例えば、研究者の多くは、毎日研究室に引きこもって、研究に没頭している。技術職人、作家、芸術家、翻訳家、SEなど、専門職の多くも、引きこもり的な仕事だ。ルソーは、エミールに適した生業として、指物師（家具職人）という職業を選んでいる。企業就職だけが選択肢ではないのだ。自分に合った職業を選ぶことが（人生を前向きに、自分らしく、喜びをもって生きる上で）極めて大切なことである。

実は、（精神的に病んで）引きこもるということ自体が、一つの才能かもしれない。引きこもり患者の心理を、自分の経験を通して、繊細に理解できるからだ。そこらの「怪しい学者」などではなく、引きこもり当事者こそ、臨床心理士の資格を取って、引きこもり救済のために、大きく活躍してもらいたい。

要するに、部屋に引きこもって、ゲームやネット（スマホ）をするのではなく、社会に有用なことをすればよいのだ。引きこもって、日夜、何かに没頭（過集中）していれば、ノーベル賞級の成果が上がるのではないか。第二のエジソンになれるかもしれない。これもまた、一つの尖った才能に違いない。

没頭できる才能は、強く美しい。社会のどこかで、その才能は高い評価を受けるだろう。

> 勤勉に代わるものなし（エジソン・米国の発明家）There is no substitute for hard work. -Thomas Edison

朝は誰よりも早く起きて研究室に入り、夜も遅くまで閉じこもっているので、家族の人は、彼がいつ寝たかも知らないことが多かった(『尋常小学読本』、トヨタグループ創始者・豊田佐吉伝より)

では、本当に能力のない人(低い人)は、どうしたらよいのか？ 例えば、心身に重度の障害をもった人、先天的なハンディを持って生まれた人、ダウン症の人など……。

儒教の最高徳目である「仁」とは、慈しみ、思いやりなど、他者への情愛を表す。聖書にも、「あなたの隣人を、あなた自身のように愛せよ」という言葉がある(マタイ19:19)。先日亡くなった、アメリカの思想家ウェイン・ダイアーの「シャイアの話」は有名だが、日本では、余り知られていないようだ。よい話なので、私は毎年(十五年ほど前から)大学の「外書講読」の授業で紹介している。大筋は、以下のとおり(『The Secrets of the Power of Intention』より)。

ニューヨークにある「チャシュ」という知的障害児施設での話。チャシュの夕食会で、ある障害児の父親が、心に残る演説をした。施設の献身的な職員に礼を述べた後、彼は、声を荒げて言った。「我が息子シャイアのどこが完全なのか？ 神様のすることは、全て完璧なはずだ。しかし、わが子は、他の子どものように、物事を理解できないし、物覚えも悪い。神は、完璧ではないのか？」

これを聞いた参加者たちは、皆、ショックを受けた。父親の痛ましさに身動きもできなかった。続けて父は言った。「神がこうした子を、世に送り出すとき、神が求める完璧さとは、人々が、この子にどう向き合うか、という所にあるのではないか」

それから彼は、次のような話をしたのです。

ある日の午後、シャイアと父は、公園の近くを通りがかった。公園では、シャイアの知っている少年たちが、野球をしていた。それを見たシャイアは言った。「僕にもプレイさせてくれるかな？」

父は、息子が運動オンチなことも、少年たちがシャイアを入れたくないことも、よく分かっていた。しかし、父は思った。「もし、息子がプレイできるなら、息子に仲間意識・帰属意識を持たせてやれる」。そこで、父は、グランドの少年の一人に駆け寄り、シャイアを仲間に入れてくれるか尋ねた。少年は、チームメイトに目をやったあと言った。「僕らのチームは、六点も負けているし、試合ももう八回だ。入っていいと思うよ。九回には打てるよ」

満面の笑みを浮かべたシャイアを見て、父はとても嬉しくなった。シャイアはグラブを付け、センターの守備に入った。八回裏、シャイアのチームは三点取ったが、まだ三点負けていた。九回裏、チームはまた一点を返し、二アウト満塁となった。ここでヒットが出れば、逆転勝利だった。しかし、次の打順は、よりによってシャイアだった。この大事な打席、チームの少年らは、本当にシャイアに打たせ、チャンスを無駄にするのか？

驚いたことに、シャイアは打席に送られた。「これは自滅だ」と、誰もが分かっていた。シャイアは打ち方どころか、バットの持ち方さえ、知らなかったのだから。ところが、シャイアが打席に立つと、ピッチャーは二～三歩前に出て、シャイアが打てるように、山なりのスローボールを投げたのだ。シャイアは、不器用に空振りした。すると、チームメイトの一人がシャイアに駆け寄り、一緒にバットを持って、次の投球を待った。

ピッチャーは、ボールをそっと投げるため、更に数歩前に出た。ピッチが入ると、シャイアとチームメイトは、一緒にバットを振った。そして、緩いピッチャーゴロを打った。ピッチャーは、その凡打を拾い、難なく一塁に送球できたはずだった。シャイアはアウトになり、試合終了となるはずだった。ところが、ピッチャーはそうはせず、一塁手が絶対に届かないように、大きな山なりの送球をライト方向に投げたのだ。

みんな大声援だった。「シャイア、一塁に走れ、一塁だ！」シャイアは、生まれて初めて一塁に走った。目を見開き、驚いたように駆け回った。一塁に着くまでに、ライトの少年はボールを捕った。シャイアは、まだ走っている。当然、彼は二塁に送球し、シャイアをタッチアウトにできるはずだった。

しかし、ライトの少年は、ピッチャーの「意図」が分かっていた。だから、彼はボールを高く上げ、三塁手が届かないように投げたのだ。もう大騒ぎだ。「二塁だ、二塁に走れ！」シャイアが二塁にたどり着くと、敵チームのショートの少年が、シャイアを三塁ベースの方に向けて叫んだ。「三塁に走れ！」

シャイアが三塁を回ったところで、少年たちは全員、彼に続いて走った。「シャイア、ホームベースだ、ホームに走れ」。シャイアがホームベースを踏むと、十八人の少年は全員、彼を胴上げし、勝利をたたえた。

父親は感涙に咽びながら言った。「あの日、十八人の少年たちは、神の完成度に達したのだろう」

みずから厳しさを求め、自分を鍛えることが、人間として成長していく上で、欠くことのできないものです（松下幸之助）

平成二十五年、安倍内閣の教育再生実行会議は、『これからの大学教育等の在り方について』と題する提言書を公示した。その中で、ひときわ私の目を引いたのが、「学生を鍛え上げる」という項目だ。「鍛える」ではなく、「鍛え上げる」としているところが、何とも頼もしいではないか。

鍛える（厳しい）教育は、「硬教育」として、古くから知られている。「鍛」の字には、金属を打ち叩いて、上質のものにするという意味と、「心身を強くする」という意味がある。

ゆとり学生の学力低下、志気低下、内向き志向、安定志向（平凡志向）、長期留学生の減少など、グローバル化に逆行する難病が、日本の若い世代を蝕んでいる。若年無業者（ニート）、引きこもり、不登校などの増加は、社会問題となって久しい。学生の軟弱さ・甘さが指摘される昨今、「鍛え上げる」は、まさに急務の課題である。

しかし、現場はどうか。多くの学生が厳しさを避け、目先の楽しさ、易しさ、甘さに逃げている。厳しさを嫌い、鍛えられるのを嫌がる。様々な「すり替えの理由」（都合のよい言い訳）を作って逃避する。自分と同じ価値観・人生観をもった「友人たち」に囲まれ、安心しているのだろう。

自我の弱い人（自己肯定感の低い人）は不安だ。群れずにはいられない（対人関係が苦手な人は、引きこもる）。群れることで安心する、気が大きくなる。そのような馴れ合い集団に、年長者が忠言・助言などしても通じない。それどころか、「ウザイ」（鬱陶しい）などと見下す。人格否定だ、暴言だと反発する。そして、年長者とのかかわり（タテのつながり）を徹底して避けるようになる。

羊のように群衆に追従してはダメだ。我が道を行け（セネカ）We should not, like sheep, follow the herd of creatures in front of us, making our way where others go, not where we ought to go. -Seneca

空虚な自己・見えない将来像

ラクな選択は習慣化する。心地よいからである（少なくとも、その瞬間は）。しかし、長期的には、人生を蝕む習癖となる（図5）。そのことを、多くの若者は知らない。考えたくないのだろう（幼児的現実逃避）。危機感のかけらもない昨今の学生を、一体どのように鍛えたらよいのか？

教育再生実行会議では、鍛える前提として、学びの質的転換、すなわち、受動学習から能動学習（アクティブラーニング）への転換を重視している。そして、そのためには、「本質的な動機付け」が必要としている。「動機付けを伴わない厳しさは、学生の学力向上には繋がらず、むしろ、ごまかしや落ちこぼれを増やすだけである」（提言書より引用）。

多くの学生が腑抜けてしまう原因のひとつは、「明確な目標」がないからだ。高校までは、勉強にしても、部活動にしても、明確な目標があった（志望大学に入る、試合で勝つなど）。だから、（個人差はあっても）頑張る動機があった。厳しさや、しごきに耐えることができた。

しかし、大学では勉強する意味が分からない。卒業後の針路も分からない。だから、無気力（アパシー）になる。不安定になる。そして、学業以外のこと（サークル活動、アルバイトなど）が、学生生活の中心になる。

大学全入の今日にあっては、「何をやりたいか（何を学びたいか）分からない」という〝学生〟が多い。興味のある分野を「言える」学生であっても、実に軽い（取って付けたような）理由であったりする。大学選びも、「入れる大学」「雰囲気」「家から近い」「学生食堂のメニュー」などが根拠だという。大学が、第二の高校になっているのだ。

「みんな行くから、私も大学に行く」「大卒の肩書を得るため」「就職や将来に有利だから」「親が喜ぶから」など――大学で何を学ぶか（学びたいか）など、ほとんど考えていない人が多い。とんでもないことだ。

自分がどうなりたいか、まず自分自身に問え。しかる後、しなければならないことをせよ（エピクテトス・古代ギリシャの哲学者）First say to yourself what you would be; and then do what you have to do. -Epictetus

目的を見つけよ。手段は後からついてくる（ガンジー・インド独立の父）Find purpose, the means will follow. -Mahatma Gandhi

まずは、個々の学生が、自らの目標（将来の夢、職業、なりたい自分）をよく考えることだ。そして、その目標に到達するための道筋と方法を知ることが重要だ。そのための「自己探求」をしっかりと行なうこと。主体的・能動的に生きるために必要なことだ。

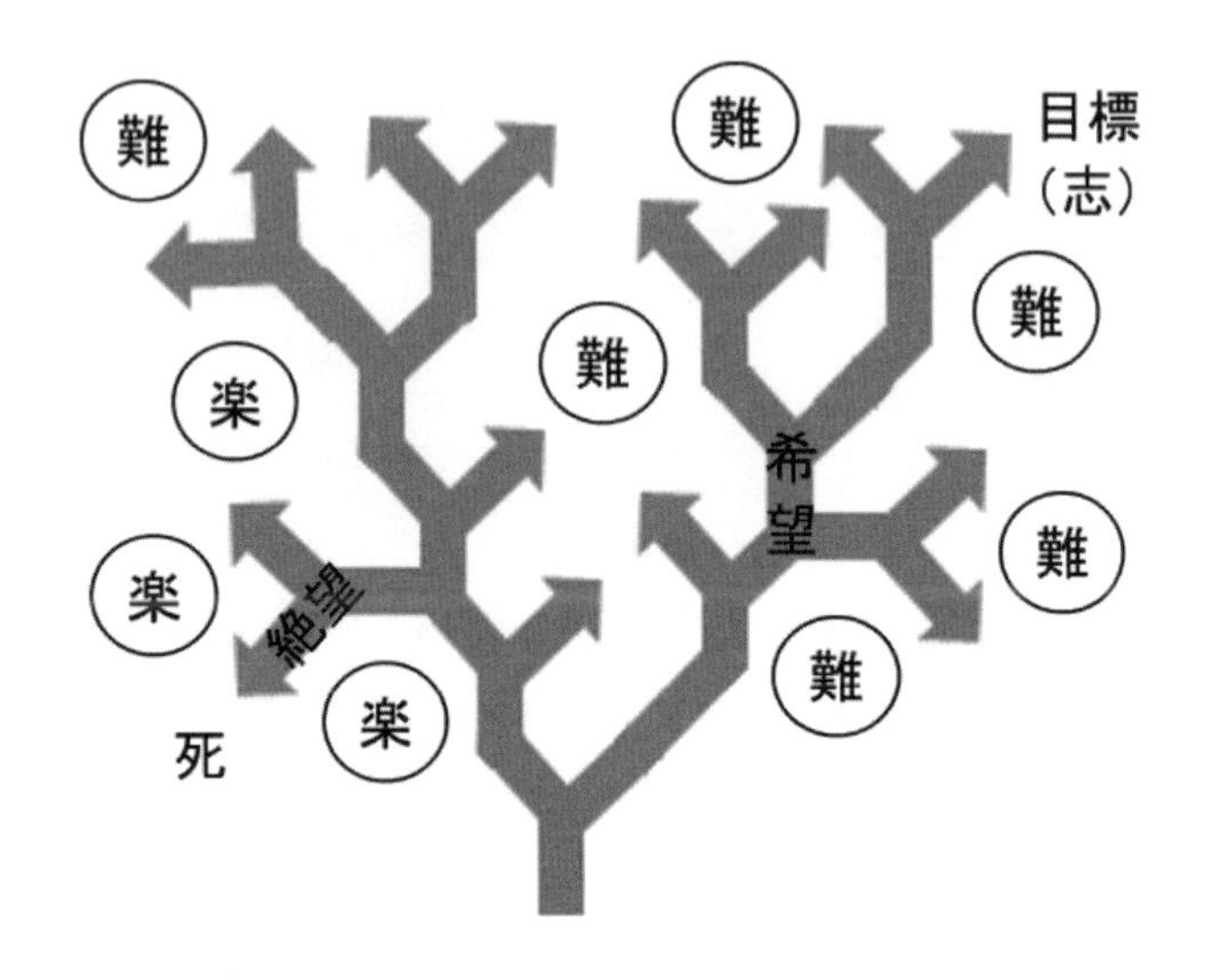

図５.　人生は選択の連続

　人は、イヤなことから逃げる。ラクな選択に流される。目先の快楽や甘さに惑わされる。惰気や自尊心が「すり替えの理屈」でこれら全てを正当化してしまう。日々の他愛ない「逃げ」の繰り返しが、自分を徐々に怪しい道へと誘う。気付いた時には、急流に呑まれ、もう手遅れだ。目標と意志なきところ、こうなるのは道理。袋小路に入らぬよう、くれぐれも用心せよ。

才能は努力して発掘するもの

どの学生も、何らかの才能や取柄を持っている。これらを見つけ育てるのが、教育の役割――どこにでも書いてある文言だが、実際は、多くの学生が、「私には何の才能もないぞ」と、薄々思っているのではないか（低い自己肯定感）。

特に、近年は、自分の長所を一つも言えない生徒・学生が増えている。平等教育や、定型教育の弊害だ（教育虐待）。自分が分からない状態に陥っている（自我同一性拡散）。これでは、生きる力も、気力も起こらない。

しかし、自分の才能が分からないのは、日本という巨大温室の中で、勉強やスポーツ以外の才能を使う機会が、これまで一度も無かったからだ。自分を様々な逆境や、危機に晒すこと（自分を実験すること）が必要だ。そうやって、自らの才能・潜在能力を「発掘する努力」をしなければ、自分の才能に気づくことはないだろう。

よく言われる「才能か、努力か」ではなく、才能の多くは、努力して発掘し（磨いてみなければ）見つからない。カントも、定言命法の不完全義務の例として示している（『Groundwork of the Metaphysics of Morals』）。怠けていては、せっかくの才能も、埋もれたままだ。外部からの厳しさ以上に、自分を逆境に放り込む「内の厳しさ」が必要なのだ。

逆境には、人間のなかの強さや資質を引き出す力がある。逆境がなければ、それらはいつまでも眠ったままだ（ヘロドトス・古代ギリシャの歴史家）Adversity has the effect of drawing out strength and qualities of a man that would have laid dormant in its absence. -Herodotus

もっと堂々と物怖じせずやりなさい。人生は全て実験だ。実験の数は多ければ多いほどよい。もし失敗したら、また起き上がればよい。転んだって何ともないさ（エマーソン）Do not be too timid and squeamish about your actions. All life is an experiment. The more experiments you make the better. What if they are a little coarse, and you may get your coat soiled or torn? What if you do fail, and get fairly rolled in the dirt once or twice? Up again, you shall never be so afraid of a tumble. -Ralph Waldo Emerson

米国の心理学者、A・ダックワースは、著書『Grit』（グリット：やり抜く力）の中で、「才能×努力＝スキルであり、スキル×努力＝達成（成果）である。すなわち、努力は、目標を達成するのに、二重に影響する。したがって、才能よりも、努力のほうが重要だ」と述べている。

しかし、才能自体も、努力して発掘しなければならない。さらに、「目標」も、多くの人は、努力して探すことになる。すなわち、努力は、二重どころか、三重にも四重にも影響する。

だが、それでも、「才能より、努力のほうが重要」という結論は出せない。例えば、上の数式で、才能一点、努力一点の人のほうが、才能〇点、努力一〇〇点の人よりも、高い成果を収めるのは明らかだ。才能ゼロの分野では、一所懸命に努力しても、意味がないのである。そのような人に、「努力すれば、何でもできる」と言うのは残酷だ。教育虐待である。

とはいえ、才能があるか否かの判断は、極めて難しい。種類が無数にあるからだ。最初から輝いている才能もあれば、磨く（鍛える）ことで光りだす才能もある。何らかのコツや、きっかけによって、隠れた才能が急に開花する場合もある。数種類の「小才能」が連動して光ることもある。環境が変わることで、急に「発現する」才能も多い。

さらに、目的や環境によって、才能は長所にも短所にもなりうる（例えば、慎重と仕事が遅い、論理的と融通が利かないなど）。要するに、才能など余り当てにできない。なまじ「ある」と思わないほうがよい、のかもしれない。

ウサギとカメの話。ウサギの才能は足の速さ。カメの才能は勤勉さである（勤勉や努力は、後天的要素の強い特性だから、才能と言わないことも多い）。寓話では、油断したウサギと、真面目なカメの設定だ。

しかし、現実には、他の設定も当然ありうる。真面目なウサギと、真面目なカメでは、カメに勝ち目はないだろう。では、真面目なウサギと、怠け者のカメの場合はどうか。実社会では、これが最も多いケースだろう。ウサギを見たカメは、最初から諦めているのである。勝てない理由（できない理由、言い訳）を一生懸命考えるのだ。時に、その点において天才的であったりする。哀れだ。

だが、このような設定もあるだろう。例えば、スタート地点からゴールまでの間に、川があったらどうするか。ウサギは、そこで立ち往生だが、カメは泳いで難なく進める。レースの途中で、ワシに襲われたらどうか。ウサギは万事休すだが、カメは大丈夫だ。猟師がいたらどうか。猟師はウサギを捕らえるが、カメはいらない。人生でも色々なことが起こる。才能と努力だけではない。やってみなければ、分からない。

人生は健康第一だが、行動は、恐らく第二に重要なことだ。

> 生まれながらに才能のある者は、それを頼んで鍛錬(たんれん)を怠る、自惚(うぬぼ)れる。しかし、生まれつきの才能がない者は、何とか技術を身につけようと日々努力する。心構えがまるで違う。これが大事だ（織田信長・戦国大名）

廃人をつくる「むごい教育」

教育環境が近年、大きく変化した点も、「腑抜け」を招いた一因だろう。教育は学校だけでなく、自分を取り巻く全ての環境によって、もたらされる。その環境が、昔とは随分変わってしまった。

室町時代後期、駿河・遠江・三河の三国を支配した今川義元は、竹千代（徳川家康の幼名）を、人質として預かっていた。義元は、竹千代が将来、今川家を脅かす大物になるのを恐れ、重臣（関口親永）に、「竹千代には、むごい教育をせよ」と命じた。「むごい」を「厳しすぎる」と解した親永は、首をかしげて、義元のほうに目をやった。

義元曰く、「きびしいと、むごいとは、違うようじゃのう、親永。……わしは、むごく育てよと、云っているのじゃ」「人を育てるに、いちばんむごい方法はの、早くから、美食させ、女性（にょしょう）を預けることとは思わぬかな。この二つをあずけて、虎児じゃ、龍じゃと褒めちぎる。……お許に竹千代を預ける以上、しつけには、くれぐれも気をつけてな」（山岡荘八『徳川家康・獅子の座の巻』1953より）

義元のいう「厳しい教育」とは、毎朝、早く起こし、粗末な食事・衣類を与え、終日休む間もなく武芸の稽古と勉強を課すことであった。一方、「むごい教育」とは、朝は遅くまで寝かせ、夏は涼しく冬は暖かくし、贅沢な食事も欲しがる物も全て与え、何でも好きなようにさせることであった。義元は、むごい教育によって、家康を「骨なしのダメ人間」にしようと企てたのである。

しかし、その後まもなく、義元が信長にまさかの敗北を喫したことで（桶狭間の戦い）、この企ては、実現には至らなかった。歴史が大きく動いた瞬間である。

可愛い子には灸をすえ、憎い子には砂糖やれ（意味　可愛い子は叩いて育てよ）
俚諺

決して贅沢するな。贅沢ほど人を馬鹿にするものはない（乃木希典・乃木大将）

今は、家康の時代とは、多くの点（生活環境、社会構造など）で異なる。しかし、人間としての本質的な部分（社会で必要とされる徳性、心身の耐性など）は、ほとんど同じではないか。

少子化の進む現代において、子どもたちは、家庭や学校で「むごい教育」を受けてはいないか。バカ殿になってはいないか？　自分の思いどおりにならないと、すぐにキレる（ムカつく）子どもたち、我慢できない子どもたち、打たれ弱い子どもたち。これらは、むごい教育（父性不足）の病態ではないか？

エール大学教授のA・チュアも『Tiger Mother』（2011）、『Triple Package』（2014）などの著書で、同じようなことを述べている。時代遅れの教訓ではないだろう。

近年は、「子どもの人権」「個人の尊厳」（教育基本法）および「児童が人格を持った一人の人間として、尊重されなければならない」（児童の権利に関する条約）など、教育や指導の放棄とも読める思想が広まっている。

しかし、子どもは未だ人格が出来ていない。物事の判断力もない。社会の厳しさも知らない。なぜ学校に行かなくてはいけないのか、なぜルール（校則）を守らなくてはいけないのか、なぜ勉強しなければいけないのか――何も分からない。そのような児童自身が希望する〝教育〟こそ、まさに「むごい教育」のことである。ワガママに育った子どもは、躾も倫理観も不足した「見苦しい人間」になるだろう。

近年は、学校でも、人格否定が悪いことのように言われる。しかし、教育は、人格の形成が目的なのだから、人格未形成（未熟）の若者の「現人格」に難あれば、それを正してやる。これは教育者としての義務である。悪い人格のまま大人になり、社会人になれば、それこそ教育失敗ではないか。教育者（親、教師）の責任が問われることになる。

子育ての成否は、20～30年後の「結果」を見て、初めて判断できるもの。成功すれば「親のおかげ」「先生のおかげ」、失敗すれば「親や先生のせい」――親・教師の言うことが、絶対正しい訳ではないが（結果的に間違うことも、多々あるが）、幼少期の教育は、親・教師の重大な務めであり、第一義的責任と言われるものである。

子どもたちよ。主にあって両親に従いなさい。これは正しいことだからです。「あなたの父と母を敬え。」これは第一の戒めであり、約束を伴ったものです（『聖書』エペソ 6:1-2）Children, obey your parents in the Lord, for this is right. "Honor your father and mother" (this is the first commandment with a promise) -Ephesians 6:1–2

現代は豊かな時代、物があふれた暖衣飽食の時代――生きることが便利に、そしてラクになった。その分、厳しさが無くなった。生きるのに一所懸命だった戦中戦後、および(今の)発展途上国とは対照的だ。（もっとも、コロナ禍の今現在は、日本でも生活困窮者が増加している）

エミールの教育思想で知られるルソーは、「子どもを不幸にする『最も確実な方法』は、欲するものを何でも与えることだ」と述べている（『Emile』Book II）。カントもデューイも、同様のことを言っている（『Thoughts on Education』Chapter II;『Experience and Education』Chapter 3）。まさに、今日の日本人の病態ではないか。あなたは、むごい教育の犠牲になってはいないか？

思春期以降の教育において、その総監督・最高責任者は（親でも先生でもなく）、自分である。苦難や逆境から逃げるのは自分次第。年長者の忠言をはねつけるのも自分次第。しかし、そのツケは、いずれ「何らかの形」で、自分に重くのしかかってくるだろう。自分自身の将来のために、謙虚な心で、自己研鑽・自己教育に励むことが重要である。

労働が体を強くするように、困難は心を強くする／困難は精神を鍛え、労働は身体を鍛える（セネカ）Difficulties strengthen the mind, as labor does the body. -Seneca

人間というのは、食物も衣類も十分あり、怠惰で、その上、教養もないとなれば、それはもう鳥やけものと同じだ（『孟子』滕文公上、「人之有道也、飽食暖衣、逸居而無教、則近於禽獣」）

第五章

教育に体罰は必要

むちと叱責は知恵を与えるが、ワガママにさせた子は、その母に恥をもたらす（『聖書』箴言29:15） The rod and reproof give wisdom, but a child left to himself brings shame to his mother. -Proverbs 29:15

「教鞭」も「教」も体罰

昔は、教師になることを「教鞭を執る」と言った。教鞭とは、教師が授業で使う鞭（むち）のことである。学校教育において、鞭による体罰が、定則であったことを示している。

一方、「教」（象形文字）の成り立ちを見ると、文字の左側の部首は、子どもが学校で学ぶ様を表している（あるいは、老人、すなわち教える者と、子どもとの交わりを表す）。右側のつくり「攵」は、「攴」の略字体で、子を鞭で打つ（叩く）様を表している（『大字源』ほか参照）。

このように、太古より、教育と鞭は切っても切れない関係にあったことが分かる（教の文字ができたのは、孔子やソクラテスよりも古い、紀元前一五〇〇年ごろ）。近年は、教育における体罰禁止の動きが加速しているが、少なくとも過去三五〇〇年もの間、教育の道具であった鞭（体罰）を否定するには、絶対的な根拠が必要だ。さもないと、教育を根底から揺るがすことになりかねない。

子にとって体罰は言葉よりも分かり易い

私が小学生の頃、学校での体罰はかなりあった（中学以上は無かった）。先生は、何度言っても分からないから、仕方なく体罰をするのである。もちろん、言って（叱って）分かる子には、体罰などしない。体罰によって、「これは最上級に悪いことだ」「悪いことを繰り返してはいけない」という明確なメッセージを伝える。

一方、生徒は、「悪いことの中でも、特に悪いことをした」ということを悟る。そして、もう叱られないように、更には、褒められるように努力する（承認欲求）。

当時、保護者の間では（小学校の年度初めのクラス分けで）、担任の先生が、女の先生だと「ハズレ」、男の先生だと「アタリ」と言われていたようだ。これは、男の先生は、概して、体罰をして「厳しく」（本気で）躾けてくれる、という理由によるものだった。

本当に悪いこと（イジメや嘘など、倫理に反すること）をすると、ピンタ。ただ、これは比較的少なかった。軽微な過失（宿題忘れなど）のときは、足のふくらはぎを、五〜十回ピンタ、棒（教鞭）で頭を叩くなど。それより下の過ちに対しては、叱ったり、立たせたり……。

このように、体罰（痛み）は「悪さのレベル」ごとに使い分けられる。すなわち、最も分かり易い指導方法である——特に、理性が確立していない（いまだ動物的、本能的な）幼児・児童にとっては。

一方、家庭では、「ピーマンを残してはいけません」とか「道路に飛び出してはいけません」などと、親は子に言い聞かせるだろう。しかし、子どもは、前者よりも後者のほうが、百万倍重要だということが分からない。同じ「いけません」でも、重要度がまるで違う。さらに、前者は（重要度が低いのに）毎日のように注意される。後者は、そうではない。

子どもが道路に飛び出して、不幸なことになれば、それは親の躾の問題（親の責任）である。たとえ「言うことを聞かない子」であっても、重要なことは、確実に躾けなければいけない。後悔先に立たず。体罰しなかったことで後悔したくない。

もとより、言葉や理屈は、子どもに伝わりにくい。「ウソはダメ」「ルールを守れ」などと言われても、子どもは良く分からない。なぜなら、その大人が、冗談でウソを連発したり、ホンネとタテマエを使い分けたり、スピード違反をしたり、さらには、自分の機嫌次第で、怒ったり笑ったりなど、子どもを大いに混乱させているのだから。
「ウソは許さない」という大人でも（カントの定言命法に背く）〃正当なウソ〃の正当性を説明できないだろう。「嘘も方便」という、ことわざまである。言葉は、とかく分かりにくいものだ。

わが子よ、主の鍛錬を嫌ってはいけない。主から懲（こ）らしめを受けても、落胆してはならない。主は愛する者を鍛え、受け入れる全ての子を鞭打つのだ（『聖書』ヘブル 12:5-6）My son, do not despise the chastening of the LORD, Nor be discouraged when you are rebuked by Him; For whom the Lord loves he chastens, and scourges every son whom he receives. -Hebrews 12:5-6

体罰は忘れにくい

さらに、言葉で言われたこと（叱られたこと）は、簡単に忘れても、体罰は言葉よりも記憶に残る。場合によっては一生残る。だから、同じ間違いをする可能性は、ずっと低くなる。

私は昔、忘れ物の多い生徒だったが、体罰（足ピンタ）のおかげで、ピタリと忘れ物をしなくなった。有り難い魔法のようだ。体罰は当時の教育において、伝家の宝刀であり、特効薬であった。

もう数年前になるが、小学校の同窓会があって、体罰先生が、ヨボヨボのおじいさんになって出席していた。その先生に目をやった途端、私は、体罰された当時の記憶が鮮明によみがえってきた。

私は直ちにその先生の所に行き、「パンパン」と仕返しの往復ピンタ……ではなく、「今の自分があるのは、ひとえに先生の厳しい指導のおかげです」と、心から感謝の思いを伝えたのである。

人は、感情が大きく動いたときの出来事を、しっかりと記憶に残す。驚いたこと、怖かったこと、痛かったこと、苦しかったこと、悲しかったこと、嬉しかったことなど――これは生物の本能だ。平常心で冷静に、「ダメですよ」と言われた記憶など、すぐに忘れるものだ。

児童にとって、体罰は、身体的な「痛み」以上に、皆の前で晒し者にされる「恥」が大きな効果を有している。自尊心が生じ、周囲の目を気にするようになるからである。

一方、乳幼児にとって、体罰は痛いもの、怖いものだ。理性が未熟な（物事の善悪が分からない）この年頃には、「怖さ」が、躾において重要な役割を担っている。すなわち、子どもの年齢によって、「体罰のチャンネル」が違うのである。

ウソついたら針千本飲まされるとか、地獄の閻魔（えんま）様に舌を抜かれるなど、怖さで教えこむのが、乳幼児期の体罰である（もっとも、針千本も閻魔様も、それ自体ウソなのだが）。

聞き分けのない子を救う

打たれても親の杖（意味　子どものことを思って打つ親の杖には愛情がこもっているのだから、子どもは反発したり恨んだりせず、逆に感謝しなければならない）俚諺

「体罰は、動物をムチで叩くようなもの。人間の教育方法として間違っている」という意見も多い。諸外国を引き合いに出して、体罰反対を唱える者も多い。しかし、幼児はまだ知性が十分発達しておらず、動物に近い。学校の校歌なども「何の意味も分からずに」歌っている。その程度の理解力しかない。大人や社会の倫理（モラル）を説いても、理解できないことぐらい自明だろう。

しかも、様々なタイプの子どもがいる。何度言っても分からない子。支離滅裂の言い訳や、屁理屈（ワガママ）で、一向に直さない子。何でも人のせい（何かのせい）にして、自分は悪くないと主張する子。立たせても、大人しく立っていない子。放っておくわけにもいかない。発達障害や境界知能であっても、物事の善悪・可否は、叩き込まなくてはならない。これはキレイごとでは済まない。体罰しかない場合もある。

「分かるようになるまで、根気よく、何度も言い聞かせる」などは、現実離れした理想論だ。育児をしたことのない学者や〝いい子〟の親が、無責任な発言をするものではない。もちろん、気長にやれば、これでも可能かもしれない。――いや、無理だろう。分かった「ふり」（いい子の演技）をするだけだろう。

そもそも、理解させる方法では、考え方（価値観）の違いで、反対する子が必ずいる。乳幼児に限らず、中学生でも大人でも、理解しない人（反対する人）は必ずいる。すなわち、躾は強制でよい。子においては、そうならざるを得ない。社会経験がないのだから、今、理解させることに無理がある。

ルール（子にとっては、親や先生の言いつけ）は守るもの。これは、理解以前の問題だ。（たとえ不可解なルールでも）ルールを守るのは、「社会の掟」「人間の義務」だということを、叩き込まなくてはいけない。躾は、親の重大な責任である。

さらに言えば、多くの親は時間がない。気力も体力もないだろう。仕事、家事、介護、ＰＴＡなどで疲れているからだ。夜泣きで睡眠も不十分だ。乳幼児が複数いたり、病弱だったり、父親不在（ワンオペ、シンママ）では、なおさらのこと。根気よく言い聞かせる余裕がない。子どもの性格も百人百様。聞き分けのない子には、体罰による躾もありうる。飛び出しを防ぐには、手段を選んでいられない。

子を懲（こ）らすことを、さし控えてはならない、むちで彼を打っても死ぬことはない。むちで彼を打つならば、その命を地獄から救うことができる（『聖書』箴言 23:13-14） Withhold not correction from the child: for if thou beatest him with the rod, he shall not die. Thou shalt beat him with the rod, and shalt deliver his soul from hell.
-Proverbs 23:13-14

聖書は体罰推奨

子育ての研究は、人類の歴史にまで遡る。それらは、科学論文などになってはいないが、何万年もの間、「現場」で繰り返し実験・検証され、代々伝承されてきた――と考えるのが道理だろう。

人民の教育に失敗した部族（国家）は衰退・滅亡し、教育に優る国家は、繁栄の道を歩んだ。歴史は、「こう育てれば、こうなる」ということが、経験的・必然的に、分かっていたはずだ。

『聖書』の中にも、体罰の必要性を説く記述が「数多く」見られる。体罰肯定ではなく、明らかに体罰を「推奨」している。特に、子どもの心には「愚かさ」が住み着いているから、それを鞭（むち）によって、追い出す必要があるという（箴言22：15）。布団を叩いて、ほこりを追い出すようなものだ。

愚かさは子どもの心に住み着いている。躾のむちは、これを遠く追い払う（『聖書』箴言 22:15） Folly is bound up in the heart of a child, but the rod of discipline will drive it far from him. -Proverbs 22:15

しかし、近年は「体罰を悪」とする風潮が、世界的に高まっている。驚いたことに、キリスト教徒の多い国や地域においても、例外ではない。これは、聖書を無視するどころか、「正反対のこと」を唱えていることになる。

それにしても、世界最大宗教の教えと、二千年の歴史を否定するだけの「絶対的な根拠」はあるのか？ 科学的知見や学説は「コロコロ変わる」などと、よく言われるが、そんないい加減なもので、神や聖書を冒涜すれば、天罰が下るのではないか（バチが当たる）。そのバチとは、「生きる力」を失った現代人のことではないのか。

ローマ教皇（法王）フランシスコ・Pope Francisも、「躾のために、子どものお尻を叩くのはＯＫだ。ただし、尊厳を貶めるほど、ひどく叩いてはいけない」といった見解を示している（二〇一五年）。聖書でも、過度の体罰に対しては、警鐘を鳴らしている（箴言29：1）。

イスラム教の法律（シャリーア）でも、体罰は容認されている。ただ、聖書のような体罰推奨ではなく、あくまで最後の手段としている。特に、頭や顔を叩くこと、腫れるほど強く叩くこと、怒りに任せて叩くことなどは禁じている（Gatrad & Sheikh 2001. Medical ethics and Islam. Archives of Disease in Childhood 84：72-75）。

精神を救うため、体を罰せよ（『ジェーン・エア』、ジョーン・フォンテインの映画、台詞）Punish her body to save her soul. -Mr. Brocklehurst, Jane Eyre 1943

寺子屋も体罰肯定

日本では、少なくとも江戸から昭和初期まで（先生が尊敬され、威厳のあった時代）、生徒は先生の言うことを聞いた。だから、体罰自体、ほとんど不用だったといわれる。その一方で、寺子屋で行われた体罰について、「過酷を極めた」とする史書も散見される（石川謙『寺子屋』）。

乙竹岩造（明治-昭和の教育学者）の調査報告によると、寺子屋での体罰で最も多かったのが「留置」すなわち、居残りして習字させること（体罰全体の28％）。続いて「鞭撻」すなわち、竹竿で打つ（同14％）や「直立」（同8％）の順となっている。しかし、食止（昼食抜き）、机を負わせる、縄縛、監禁、さらには屈辱的なものまで、多様な体罰が行われていたことが、記録に残っている（江森一郎『体罰の社会史』）。

一方、学校での体罰を、法令によって禁じる措置が、一八七九年（明治十二年）の教育令-第四六条、その後の小学校令（明治二十三年）、国民学校令（昭和十六年）などで認められる。しかし、これらは体罰の定義が限定的であり、事実上、空文化していたとも言われている。

鞭を惜しめば、子はダメになる／可愛い子は、棒で育てよ（意味　子どもを甘やかすと、ろくな者にはならない）俚諺　Spare the rod and spoil the child.

お寺の修行（座禅）でも、「気のゆるみ」を正すため、警策（むち）で叩くことは、一般的に行われる。臨済宗の「一休さん」（アニメ）を見ても、坐禅中の居眠りだけでなく、起床の時も警策で叩く様子が描かれている。

学校でも、生徒が「修行」として、科目や生活態度を学んでいるのだから、居眠りしている生徒を、警策（教鞭）で叩くぐらい当然のことだろう。授業中、睡魔と戦っている時に、教鞭で「ビシッ」と叩かれるのは、実に有難いことではないか。睡魔に勝利したのだから。

私は小学生の頃、僅か数か月だったが、学習塾に通った。塾は、お寺にあり、寺子屋のように、ひざ高の長机に二～三人掛けで正座して学んだ。禅宗（曹洞宗）の寺だったから、先生（方丈夫人）は警策を持ち、姿勢や態度の悪い子は叩かれた（私は叩かれた記憶なし）。

日本における曹洞宗の開祖、道元も、『知事清規』（一二四六年）において、「もし鞭捶（むち打ち）の必要があるときは、皆の前で行い、十数回以下に留めよ」と記している。禅宗では、少なくとも鎌倉時代初期から、このように、私塾と警策（痛棒）が一般的であった（江森一郎 1984．江戸時代の体罰観・研究序説．日本の教育史学 27：4-24、及び『体罰の社会史』）。

人生を生きるには、修練が必要です。いい加減な目的、罪深い行為、軟弱な意志のもと、人生を無駄に過ごしてはいけません（ナイチンゲール・英国の看護婦、看護教育学者） Live your life while you have it. Life is a splendid gift. There is nothing small in it. For the greatest things grow by God's Law out of the smallest. But to live your life you must discipline it. You must not fritter it away in 'fair purpose, erring act, inconstant will' but make your thoughts, your acts, all work to the same end and that end, not self but God. That is what we call character. -Florence Nightingale

体罰全否定は狂気の沙汰

文科省は、現在、学校教育法第11条・体罰禁止規定での「体罰の定義」について、「殴る、蹴るなどはもちろん、肉体的苦痛を与えるような懲戒、例えば正座、直立など特定の姿勢を長時間にわたって保持させるのも体罰に該当する」とした公式見解を示している。ただし、傷害を与えない程度に軽く叩くことは認められている。また、運動部活動においては、「適切な範囲内」での肉休的、精神的負荷を伴う指導が認められている。

現在、多くの国は、学校だけでなく、家庭での体罰も法律で禁止している。日本も、二〇二〇年四月から体罰禁止となった（改正児童虐待防止法）。法務省（HP）も、子どもの人権のページで、「いかなる場合でも体罰は決して許されません」と断じている。

厚労省も「体罰禁止ガイドライン」（素案）として、「子供の身体に何らかの苦痛または不快感を引き起こす行為は、どんなに軽くても体罰」――例えば、「他人のものを盗んだので、罰としてお尻をたたく」ことも禁止している。

これらは、方法論として、あまりに短慮軽率だ。子育て（躾）が、法に縛られ、面倒になる。間接的に少子化を促している。虐待防止が目的なら、いくらでも他の方法があるではないか（相談所、一時保護所、法整備など、後述）。

第一、体罰された子が、親を訴えた（あるいは、学校の先生など第三者に通報した、SNSで発信した）その後のことを考えているのか？――親が犯罪者となり、職を失う。親子の信頼関係がなくなる。反抗期の子は、ますます付け上がるなど。

第二に、ある特定の宗教の信条（上記）を、法律などで否定・禁止するのは、その宗教を差別・侮辱する忌忌しき問題である。

第三に、心身を強くする（鍛える・たくましくする）ためには、精神的苦痛も、肉体的苦痛も必須である。しかし、これらの負荷を体罰と規定すれば、体罰禁止は、心身を鍛えることを禁止しているに等しい。すなわち、心身のひ弱な人間、骨なし人間、生きる力のない「廃人」を作り出すことになる。これこそ、生涯に亘る長期的な虐待である。

第四に、体罰をしてでも確実に躾けなければならないこと――例えば、子どもが道路に飛び出さないように・火遊びしないように・人を刺したりしないように・物品やお金を盗まないように、イジメをしないように、等々――このようなことも、「ダメでしょ」と言うしかなくなる！

何度言っても直らない場合は、実体験によって学ばせるのか？（道路に飛び出して痛い目に合わせる、火事になってから学ぶ、大人になって犯罪をして刑務所で学ぶ、自殺者が出てから考えるなど）。意図はどうであれ、結果から考えれば、これは狂気の政策である。

悪いことを繰り返す子は、体罰をしてでも、しっかり躾けてやる。――そんな「父性的な教師」が、〝体罰禁止法〟のもと、次々に処分されていく。学校現場は、フニャフニャしたオトモダチ先生ばかりになる。

躾不足は、個人レベルでも国レベルでも、将来に甚大な被害をもたらす。家庭にも、社会にも、狂人・廃人が増えていく。無差別殺傷、通り魔、ホームレス殺害、放火、窃盗、詐欺、ネット犯罪なども増加する。事件が起きる前に、ヒトは「人」として躾けられるべきだ。

教えの笞（むち）は家より廃するべきではなく、刑罰は国より捐（すてさる）べきでない（司馬遷『史記』律書、「教笞不可廢於家，刑罰不可捐於國」）

私は学校での体罰には反対だ。一方で、先生方が体罰などしなくて済むように、子どもたちは、まずは家庭で十分厳しく躾られるべきだ（ケネディ元米国大統領）I think when we talk about corporal punishment, we have to think about our own children, and we are rather reluctant it seems to me to have other people administering punishment to our own children. But because we are reluctant to do so, it seems to me it puts a special obligation upon us to maintain order and to send children out from our homes who accept the idea of discipline. So I would not be for corporal punishment in the school, but I would be for very strong discipline at home so that we don't place an unfair burden upon our teachers. -JFK, The President's 56th News Conference of May 22, 1963

躾や教育の方法として、体罰容認の立場をとる哲学者も多い（プラトン-プロタゴラス、アリストテレス-政治学、アウグスティヌス、トマス・アクィナス、ロック、カントなど）。ヴィトゲンシュタインは小学校教師として、日常的に体罰をしていたことも知られている。一方、モンテーニュ、ベンサムなどは、学校での体罰は望ましくないとしており、B・ラッセルは、学校でも家庭でも、体罰反対を唱えている（Lenta 2017. Corporal Punishment: a philosophical assessment. Routledge 1351626310）。

米国小児科学会（AAP）は、体罰だけでなく、言葉での脅し、けなし、恥ずかしめも、公式に反対している（Sege et al. 2018. Effective discipline to raise healthy children. Pediatrics. 142:e20183112）。

しかし、米国小児科医師会（ACPeds）のほうは、体罰を容認した上で、その方法を示している（Trumbull 2006. Discipline of the Child Series: Disciplinary spanking）。例えば、体罰が有効な期間は、十八か月から六歳までで、怒りに任せて叩いてはダメ、他人の見ている前で叩いてもダメ、痛み（苦痛）を与えよ、ただし跡が残るほど強く叩いてはダメ、叩いた理由をはっきり言え、など。

私も、この体罰上限年齢（六歳）に、おおむね同感である。これより年長になると、プライド（自尊心、自我）を持ち始めるから、反感・憎しみが起きやすく、体罰が逆効果になりやすい。特に、子どもが理不尽だと思う体罰においては、これを免れない。

しかし、子どもがその時に理不尽に思っても、何年か後に、そうでなかったと悟ることも多い。だがしかし、本当に理不尽な体罰であったなら、あるいは誤解が解けなかったら、時が経っても、宿怨は消えないだろう。

さらに、年長児童は理性を獲得しているから、言葉で諭すことが可能だ（体罰の必要性は、かなり限定的になる）。すなわち、年長児童や青少年への体罰は、精神面への影響を考慮し、慎重を期す必要がある。乳幼児への体罰と、青少年への体罰を、一括りに考えてはならないのである。

父たる者よ。子供をおこらせないで、主の薫陶と訓戒とによって彼らを育てよ（『聖書』エペソ 6:4） Fathers, do not provoke your children to anger, but bring them up in the discipline and instruction of the Lord. -Ephesians 6:4

米国小児科医師会（ACPeds）は、更に、「どのような場合に体罰が必要か」に関しても例示している。例えば、言葉で言い聞かせていたにも関わらず、①乳幼児が道路に飛び出して、車にひかれそうになったとき（死の危険）、②電気コードやコンセントで遊んでいた場合（感電や火事の危険）、③タイムアウトや警告などの方法では、効果がない場合（駄々っ子）などを挙げている。さらに、体罰を全く要しない素直な子どもから、体罰が必要な子どもまで、百人百様だと言っている。

要するに、体罰が「どうしても」必要な状況・必要な子どもは「いる」ということだ。そのような子は、「体罰でも、何でもして」救ってやらなければならない。言うことを聞かないからといって、見捨てては（諦めては）いけないのだ。

幼少で、体罰の効果がなければ、ハーネスやサークル（フェンス）など、動物的な方法もやむを得ない。命を守るためなら、手段を選ばない。いざとなったら、「子どもの尊厳」など関係ない。死んだら、取り返しがつかないのだから。

むちを控える者は、その子を憎む者である。子を愛する者は、つとめてこれを懲（こ）らしめる（『聖書』箴言 13:24）He who spares his rod hates his son, But he who loves him disciplines him promptly. -Proverbs 13:24

体罰が１００％善である理由

そもそも、体罰と暴力を混同している人が、極めて多い。この場合、論理の破綻は必然だ。体罰と暴力は、別のものである。辞書『大辞泉』によると、暴力の定義は「乱暴な力」とある。乱暴の定義は「道理を無視して荒々しく振舞うこと」。すなわち、暴力とは、道理を無視した荒々しい力のことだ。

体罰は（上記のように）、いくつもの道理・制約のもとに行なう。すなわち暴力の定義に該当しない。ボクシングも柔道も〝闘魂注入ピンタ〟も、道理とルールの下に、力を行使している以上、暴力とは言わないのである。

一方で、「体罰は暴力だ」と断言する人も多い。何の根拠も、理由の説明もなく、そう断言する。何と傲慢なことか。こんな乱暴な言い方が通用するのは、教祖と信者の間ぐらいだろう。一般常識（すなわち、辞書に書いてあること）ならば説明不要だ。しかし、それ以外のことは、論理を立てて説明するのが礼儀である。

体罰の例として「殴る」行為を挙げる人も多い（特に、体罰反対の根拠として）。しかし、殴れば、普通にあざが生じたり、出血したりする。これは明らかに体罰でなく、暴力だ。なぜなら、体罰の目的は、痛みや恥を与えることであって、それは、警策や平手で叩けば済むからである。「叩く」を超え、「殴る」までエスカレートするのは、正当でない（道理が通らない）。

研究論文を見ても、体罰と暴力を混同した「無意味な研究」が目立つ。対象年齢を無視した体罰批判も多い（すり替えの理論になっている）。さらに、二次的効果（間接効果）を検証できていない。

例えば、体罰は子どもに、痛み、怖さ、恥などを与える（一次的効果）。これが、二次的効果（すなわち、長期記憶、反省、善悪の理解、自律性の向上など）を生じている点が、無視されている。一次的効果がネガティブだから「体罰は悪」と、安易に判断できないのである。

体罰が子どもの暴力性を高める（世代間連鎖する）――これも、従前より指摘されている。最近の研究でも、子どもへの体罰を（学校・家庭の両方で）法的に禁止している国（三〇か国）では、そうでない国（二〇か国）に比べて、思春期の身体的な喧嘩（physical fighting）が、約半分という結果が報告されている（Elgar et al. 2018. Corporal punishment bans and physical fighting in adolescents: an ecological study of 88 countries. BMJ Open 8:e021616）。

これは、「手を出す＝逮捕」という意識が浸透しているからだ。すなわち、連鎖などではなく、法的効果と〝体罰禁止文化〟の影響である。

注意すべきは、この論文も含め、子どもの暴力性の低下が、あたかも「望ましいこと」のように位置付けられている点である。しかし、子ども（特に幼児）は、叩き合いの喧嘩を通して、多くの重要なことを学んでいる（身につけている）――対人関係、協調性、人の感情変化（喜怒哀楽）、精神の鍛練、自我の認識・形成、喧嘩の作法・手加減、仲直りする能力、自己表現など。

「ドラえもん」にも、ボコボコの喧嘩シーンが多く見られる。ジャイアンは、のび太に『けんか読本』まで貸しているのだ。「もっと強くなれ・男らしくなれ」ということだろう。弱すぎるのび太を、可哀そうに思ったのだ（友情表現）。喧嘩は子どもの精神的成長を促しているのである。

すなわち、子どもが喧嘩しないのは、望ましいことではない（陰湿なイジメを除く）。近年は、親や先生が、子ども同士の喧嘩に介入することが多くなっている。少子化で、兄弟喧嘩の機会も減少している。塾通い、習い事、遊びの変化（特に、対面型遊びの減少）などで、喧嘩をする原因も少なくなった。

喧嘩をしないことで、コミュニケーション能力（口喧嘩、議論する力）、人間関係構築力、心身の耐性（たくましさ）など、多くの「重要な学び」が失われている。子どもの暴力性が低下するとは、そういうことだろう。


子供の喧嘩に親が出る（意味　子供同士の喧嘩に親が口出しをする。余計なことをする人への忠言）俚諺

二〇一九年の調査（20〜70代男女７９９６人、株式会社エアトリ）によると、日本人の約七割が、「躾のために体罰は必要」と回答している（体罰不要は約二割、分からないが一割）。このように、多くの国民が体罰を肯定（容認）している一方で、児童虐待の罰則が「軽すぎる」と答えた者は、実に66％にも及んでいる（「重すぎる」は、僅か３・５％）。

すなわち、国民の多くは、「体罰は必要だが、虐待は許されない」と思っている。虐待をなくすため、より一層の努力が求められる。その答えは、体罰禁止ではないのだ。

近年は、児童虐待、特に暴行と傷害の検挙件数が急増している（法務省令和元年版犯罪白書）。一方、虐待死は減少している。虐待防止への取り組み（訪問、通報など）が、成果を上げているようだ。

体罰を肯定する根拠は、「体罰は有効だった」という自身の経験によるものが多い。このように、自分によって証明されていることを否定するのは不可能だ。体罰が有効でない場合や、逆効果の場合もあるが、有効である証拠（自分）を否定することはできないからだ。体罰は使い方を誤ると、「諸刃の剣になる」ということである。

では、体罰が許されないのは、どのような場合か？　最も多いのは、親・教師が（自らの）気晴らしや、八つ当たりの目的で行なった場合だろう。これは、もはや体罰などではなく、暴力である（上記の道理が成立しない）。

暴力は、虐待（暴行罪、傷害罪、脅迫罪）である。往々にして、子どもの心に傷（トラウマ、不信）を残す。生涯にわたって、害を及ぼすことも多い。決して許されるものではない。

体罰の心理は愛情。暴力のそれは憎しみである。しかし、愛情と憎しみは「紙一重」とも「表裏一体」とも言われる。体罰が暴力に転じないよう、親も教師も、十分注意しなければならない。

もっとも、このような紙一重の違いではあっても、体罰自体に有害性はありえない。なぜなら、有害になるまでひどく叩けば、あるいは、正当な理由なく有形力を行使すれば、その時点で暴力になるからである（道理が成立しなくなる）。

例外的に、体罰が暴力ではなく、事故に転ずることがある。例えば、ピンタをした手が（少しずれて）耳に当たって、鼓膜を破ってしまったり、体育や部活動で、足を軽く蹴っただけで、骨折したり（小中高生の骨折率は、昔に比べて約3倍。つまり骨が弱い）。ニュースの視聴者は、結果だけを見て、「常軌を逸した暴力行為だ」と思うに違いない。だが、これは不運な事故であって、暴力とは慎重に区別すべきである。

どうして分からんのだ、この男は（『Cool Hand Luke』、ポール・ニューマンの映画）What we've got here is failure to communicate. Some men you just can't reach.

フィンランドの怪しさ

昔から、体罰は子どもの躾・教育手段として、世界中で用いられてきた（前記のとおり）。ところが、近年は、体罰禁止の動きが世界的に加速している。このまま、家庭から・教育現場から、体罰（および鍛錬）を排除すればどうなるか？　いや、排除してきた結果、今まさに、どうなってしまったか？

日本では、若者の自殺死亡率が高い。先進7か国（G7）中、最多である。若年無業者（引きこもり、ニート）は、二十年で倍増している。不登校や抑うつも急増している。

一方、世界でいち早く（一九七〇～八〇年代から）体罰禁止を法令化した北欧諸国においても、「若者の」自殺死亡率は高いのである。統計年度によって多少のブレはあるが、一定の傾向がみられる。

一九九〇～九九年の平均を集計したWassermanらの報告（Wasserman et al. 2005. Global suicide rates among young people aged 15-19. World Psychiatry 4:114-120）によれば、「十五～十九歳の自殺死亡率」（人口一〇万人当りの自殺者数）は、日本5・0に対し、アイスランド16・9、フィンランド15・5、ノルウェー12・1、スウェーデン6・3、デンマーク5・3となっている。さらに、これらの数値は、（体罰禁止前の）一九六五～七九年に比べて、いずれも上昇している（スウェーデンを除く）。

以上は少し古いデータだが、統計の年変動を考慮すると、十年間の平均を集計し、専門家の分析を経た本報の信用度は高い（被引用数650）。

なお、フィンランド、ノルウェー、アイスランドにおける「若者の」自殺死亡率は、近年も世界トップ水準にある――日本よりも高い（OECD 2009『Doing Better for Children』；McLoughlin et al. 2015. Global trends in teenage suicide:2003–2014. QJM 108:765-780; Kõlves & De Leo 2016. Adolescent suicide rates between 1990 and 2009. J. Adolescent Health 58:69-77など参照）。

フィンランドには、「不屈の精神」を意味するSisuの文化があるというが、若者は、Sisuが弱いということか。若年層で、日本と同じ現象（精神の軟弱化）が進んでいるのだろう。体罰がなくなったことで、骨がなくなったのだ。

北欧諸国といえば、毎年、幸福度ランキングで上位を独占している〝豊かな国々〟（二〇一九年のランキングは、一位フィンランド、二位デンマーク、三位ノルウェー、四位アイスランド、七位スウェーデン）。北欧諸国の教育制度や社会保障（福祉）制度も、高ランキングを維持し、それらは他国の手本にもなっている。

それにしても……、多くの若者が自殺するような教育など、たとえ世界トップレベルの学力であっても、「最低」の一言に尽きるのではないか？　幸福度も「本当は」最低ではないのか？　こんなものを手本にして、日本は大丈夫か？

一方で、世界の体罰禁止国と、若者の自殺死亡率との間に、有意な相関は見られない。これは、各国の経済状態、失業率、国民性、宗教、社会保障制度、教育水準、徴兵制など、多くの要因が自殺に影響しているためだろう。例えば、ニュージーランドにおける若者の高い自殺死亡率は、先住民族マオリの自殺者が、突出して多いためである。

本質を見抜く力

統計はともかく、なぜ、若者の自殺がこれほど多いのか？　様々な直接的・可視的な原因があるのだろう。イジメ、学業、人間関係（孤立）、収入（税金）、健康、家庭問題、将来への不安など――様々なストレス（今現在は、新型コロナウィルス関連のストレスで、自殺が増加している）。しかし、根本的・構造的な原因は、精神（メンタル）が弱いということではないか。

精神が幼弱だから、些細な壁（困難、逆境）を乗り越えられない。メンタルが、すぐ不調になる。そうならば、若者が、逆境やストレスに耐えられるように（躾、鍛錬によって）心身を強くしてやる・鍛えてやることが、最も必要ではないのか？

しかし、現状はどうか？　上記の直接的原因に対処するだけになっている（すなわち、対症療法、小手先対応など）。肝腎要の「精神を鍛えること」（硬教育）が、軽視どころか、排除されているではないか。母性ルールに支配された学校では、もう鍛える教育が、できなくなっている。――なぜか？

当事者である若者が、自分の「ひ弱さ」を認めないことが、最大の原因だろう。自分の非ではなく、「〇〇のせい」にしているのだ（他責的、幼児的）。しかし、他人も社会も、自分の力で変えることはできない。どうにもならないことを、批判ばかりしている人間は哀れだ。一方、自分は、自分次第で、いくらでも変えることができる。自分を少しでも強くすることで、大抵の「壁」は乗り越えられるはずだ。

若者の自殺死亡率はさておき、他の年齢層はどうなのか。実は、日本国内の自殺死亡率は、若者よりも、六十歳以上の老人で高い傾向にある（特に平成前半は約2倍差）。なぜ、戦中戦後の「過酷な時代」を生き抜いた老人世代で、自殺が多いのか？　これは愚問だろう。動機が全く違うのだ（高齢者自殺については本書で議論しない）。

逆境の訓練所で躾はなされる（ガンジー）Discipline is learnt in the school of adversity. -Mahatma Gandhi

大事なのは、子ども達がいじめに立ち向かう精神力をつけることです（『女王の教室』、台詞）

思春期の自殺は、父親とのコミュニケーション不足が強く関係している、という研究報告もある（Bridge et al. 2006. Adolescent suicide and suicidal behavior. Journal of Child Psychology and Psychiatry 47:372-394）。これは、父性の不足（不在）が、自殺と相関する、ということか？

しかし、フィンランドでは、父親が子どもと過ごす時間が、日本の約４倍と報告されている（総務省統計局）――父親も家事をするためだろう。そのような父親は、母性化（イクメン化）あるいは、一緒にゲームをするなど「トモダチ化」しているのではないか。

弱い父親には父性がない。家庭に母親が２人いるようなものだ。子どもが、生きる強さ（心身の強さ、たくましさ）を得るには、子の目標（手本）となる「厳格で強い父親」が必要だ。平成になって急増した「友達親子」などでなく、厳しいタテの親子関係が、父性の土壌である（特に幼少期〜思春期前半）。

我々は、外国と違うからといって、日本の良い文化や、優れた習慣まで否定して（捨てて）いるのではないか？　謙虚に学ぶ姿勢は極めて大切だが、謙虚すぎる（何でも受け入れる、真似る、見習う）のはダメだ。海外と違う点は、日本の強みかもしれない（＝他人と違う点は、自分の強みかもしれない）。

時代が違うとか、皆が言っているとか、そんな日和見的な理由で、何百年・何千年も続く「先人の知恵」を否定してはいけない。何事も「本質」を見抜き、正しい判断をしなくてはならない。何でも外国（あるいは、多数派、権威、時流など）に倣うのは、浅はかだ。愚者の猿知恵である。

世俗の意見に惑わされてはいけない（ソクラテス・古代ギリシャの哲学者）Why should we pay so much attention to what the majority thinks? -Socrates

第六章

私の自己教育

教育は人生への準備ではない。教育は人生それ自体である（デューイ）Education is not preparation for life; education is life itself. -John Dewey

環境これ即ち教育

三十年も前のことだ。私はシリア北部の田舎町に、一人で住んでいた。三年間住んだその町を、今、ネット検索してみると、出てくる画像は、戦争の写真ばかり。まともな写真など、一枚もない。かつての同僚たちは、生きているのか？　町は、職場は、どうなった？　見当もつかない。

なぜかその地は、世界で一番危険な国の、一番危険な地域（イスラム国の首都）になってしまった。私のせい？　いや、そうかもしれない。私が全力で行なった「意識改革」が発端かもしれない（下記）。あの三年間に、一体、何の意味があったのか。

そもそも、私はシリアを希望していなかった。しかし、私がもつ専門知識・技術が、先方の要請とマッチしたために、私が行くことになった。当時、発展途上国では、飢餓や栄養失調が蔓延していた時代背景もあって、私は途上国に関心があったのだ。

途上国で「魚の養殖」といえば、人々の栄養状態を改善し、命を救う「尊い仕事」である。豊かな日本では完全な「グルメ産業」「金儲け」の養殖だが、途上国では人道的な仕事なのだ。

その途上国に行く目的は、技術協力である。そのため私は、まず日本の養殖場で何年か修行をし、専門技術を身につける必要があると考えた。

あの日、私は従業員数名の民間養魚場に面接に行った。そこで私は、こともあろうに、「給料はいりません」と言い放った。ん―、何という怪しい人間！　しかし、技術を学ぶ側（私）が、授業料を払うどころか、給料を頂くなど、ありえないことだ――まさに、本心から出た言葉だった。幸いにも、そこに就職が決まった。

早速、翌月から肉体労働の毎日が始まった。食事は三人前を食した。体は筋骨隆々となり、手の皮も野球のグローブのように分厚くなった。過労のため、腰痛が徐々に悪化し、三年が過ぎた頃には、もう動けなくなった（その頃、JICA青年海外協力隊に合格）。

長野県の山奥で二か月半に及ぶ合宿訓練を経て、私はシリアに発った。（以下、当時執筆した「隊員報告書」に、若干加筆修正した文章である）

カラシニコフを向けられて

平成元年の夏、二十五歳の私は、生まれて初めて外国の地を踏んだ。そこは中東の軍事国家シリア。首都ダマスカスは、現存する世界最古の都市。連日、雲一つない晴天猛暑の日が続いていた。日中は通りに人影もなく、外出すれば、たちまち頭痛に見舞われる有様だ。暑さと乾きで、意識が薄れていく感覚は、日本の「むし暑さ」とは異質のものだ。

食べ物も当初は口に合わず、例えるなら「誰かが嘔吐したものを食べているような味」がした。日本では好き嫌いのない私が、この国の〝食べ物〟は心底「まずい」と思った。だからといって、日本の食品など手に入るはずもなく、外国食品も高価なので、そのような土着のものを受け入れざるを得なかった。

食あたりか、ストレスのためか、到着後しばらくは下痢の日々が続いた。トイレも日本式とは違っていた。そこにトイレットペーパーはなく、手でお尻の穴を洗うのだった……。

しかし、このような生活上の異文化（目に見える違い）は、実際のところ、全く問題ではなかった。食べ物など、腹が減れば自動的に美味しくなる。トイレに紙などなくても、砂漠の気候だから、お尻は自動的に乾く（手が少し臭いが）。何よりも一番困ったこと、それは「仕事」に対する意識の違いだった（後述）。

最初に赴任した広大な養殖場は、ダマスカスから遠く離れた僻地にあり、コイ、テラピア、ソウギョ（草魚）などの養殖をしていた（場所は、以下に述べる軍事内容のため口外できない）。交通機関も交通手段もなく、どこにも行けない田舎生活が始まった。

赴任して間もないころ、職場（兼自宅）のとなりのミサイル発射基地に、一人で歩いて挨拶に行った。となりと言っても、歩いて30分ほどの距離だ。入口付近にいた若い門兵に、片言の（覚えたての）アラビア語と、二〇〇%の愛想で自己紹介をした。怪しまれないように、丁寧にゆっくりと話した。

ところが、その門兵はとても愛想が悪く、ニコリともしなかった。そういえば、さっきから何度も「マムヌーア」と言っている。聞き覚えのある単語だったが、意味が思い出せない。はっと気が付くと、カラシニコフ（自動小銃）の銃口がこちらを向いている。銃口には、刃渡り20㎝ぐらいのナイフまで付いている。「あら!?」――体温が10度ぐらい下がった。

私は言葉を失い（しかし努めて平静を装い）、そのまま回れ右をして、その場を後にした。「後ろから撃つな~」と祈りながら歩いた。マムヌーアとは「禁止」のこと。彼は、立ち入り禁止と言っていたのだ。

アラビア語を、首都ダマスカスで一ヶ月勉強してから、地方の任地へ赴いたのだが、その程度の語学力で仕事を始めるのは、やはり無謀だ（日本の派遣前訓練では英語を学んだ。英語は都市部では通じるからだ）。しかし、地方の任地で英語はほとんど通じなかった。ペンやテーブルなど、日本で誰もが知っている英語も通じない。数字も見たことのない特殊な数字を使う。だから、最初のころは言葉以外の方法で、生きていくための意思疎通をした。

紙と鉛筆は、常に持ち歩いていた。筆談をするためだ——といっても、絵を描くやり方。名詞（物の名前）は、上手に描けば通じる。動詞は身振り手振りで表現できる。形容詞？　小さい、悲しい、腹が痛いなどは、ジェスチャー、顔の表情、擬声などで伝わる。しかし、美しい、寂しい、心配など、難しい形容詞も多い。いずれにしろ、大げさなアクション・リアクションでコミュニケーションを図る。それは、とても不便だが、ゲームをしている様で結構楽しいものだ。

言葉が通じないのは困るが、こちらが一所懸命に何か伝えようとすると、相手も何とか分かろうと「一緒に努力」してくれる。道を尋ねれば、目的地まで同行してくれる。面倒なことにも、割と寛容に付き合ってくれる。大変だが、結局、何とかなってしまう。それに、言いたいことが通じたときは、お互い手を取り合って喜ぶことができる。もちろん、

「有難う」と何度も言って、感謝の気持ちを伝える。日本人のように、不愛想で、ガイジンを避けるような人たちではないのだ。

この頃は、言葉の壁はあったが、まだ楽しい時期だった。このような初期の時期を、異文化適応の「ハネムーン期」という。お互い〝ウエルカム・モード〟で、よい部分しか見えない（見せない）時期ということだ。今思えば、全くそのとおりだった。旅行者の知らない〝潜伏期間〟を経て、私は次第に、アラブの異文化に強い「拒絶反応」を示すようになる（後述）。

ボランティアの意気

干ばつだったこの年は、養殖池に入れる水が十分確保できず、お手上げの状態だった。毎日あれこれ思案したが、やはり水不足では手も足も出ない。結局、この養魚場に（何もできないまま）三ヶ月滞在した後、水産公団本部（日本の水産庁に相当）からの要望で、内陸部のタブカ（サウラ）へと任地を変更した。

内地はほとんどが砂漠（土漠）だが、ユーフラテス川が砂漠を斜めに横断しており、その流域だけは水があった。川から数メートル離れると、もう砂漠というおかしな所である。灌漑（農作物の増産）のため、旧ソ連の援助で巨大なダム（ユーフラテスダム、またはタブカダムと呼ばれる）が建設され、川を堰きとめた。そのダムでできた人造湖（アサド湖）に網生簀を浮かべて、コイ（ドイツ鯉）の養殖をしていた。そこだけは、干ばつにもかかわらず、水があった（水量は激減していたが）。私はそこで三年近く仕事をした。

この養殖場もかなりの僻地にあった。近くに日本人も外国人もいなかった。どの程度いないかというと、一番近くの日本人が、二〇〇㎞ほど（東京‐静岡間くらい）離れていた。だから、会うことも殆どなく、日本語を話す機会も、一年に二回程度だった。

町で外国人は私一人。だから、家から一歩出ると、宇宙人でも見るかのように、遠慮なく観察された。遠くから子どもの声がしたときは、手でも振ってあげないと、決まって石が飛んできた。電話事情も悪く、日本の短波放送も届かず、インターネットや携帯電話もない時代だったから、日本で何が起きているのか全く知らない「浦島太郎のような生活」をすることになった。


その養殖場で私は、まず、現場主任をはじめ、数人から話を聞いたり、養殖生簀の魚を実際に手に取って調べたりした。その結果、魚の成長が非常に悪いこと、体色がかなり黒いこと、頭の骨や顎に奇形のある魚がいることを知った。「エサに問題がある」と直感した。へい死が殆どないことから、感染症やビタミン欠乏ではないようだ。しかし、これだけの情報では、いまだ原因がはっきりせず、したがって、確かなアドバイスもできない。
一方、現場主任（獣医）は、奇形魚の体内から、しばしば寄生虫を検出していたことから、「寄生虫が原因だ」と主張した。私は、「それはない」と思ったが、反論はしなかった。なぜなら、「私は○○だと思う」では、何の説得力もないからだ。説得する根拠が必要だった。そこで、小実験をするための試験施設を造ることにした。

さっそく同僚と町の市場に行き、洗濯用のプラスチック桶を10個買ってきた。それにナイフで穴を開け、パイプを火であぶって曲げ、接着剤を付けて排水口を作り、テーブルの上に並べ、あとは注水パイプ、ふた、沈殿槽などを作り、給水ポンプを繋げて、簡単な飼育実験装置を作った。国内初の養殖実験施設を、ほとんど費用をかけず、身近な材料だけで完成させた。接着剤が固まるのを待って、すぐに実験を開始した。

奇形魚がかなりいることから、骨格の形成に必要な「無機質」がエサの中に不足しているのではないか、という大ざっぱな勘が最初にあった。無機質の含有量は、餌の組成表を見れば見当がつく。しかし、原料組成を見たところ、特に問題は見当たらなかった。必要な無機質は、全て必要量以上含まれていた。だが、無機質は「消化吸収率」というファクターも重要だから、含有量を見ただけでは、確かな判断はできない。だから、実際に実験を行って検証する必要があった。

最初の実験で調べたのは、マグネシウム、亜鉛、マンガン、及び無機リンの添加効果だった。これらは全て正常な骨格形成に必要な無機質で、吸収率が低ければ、不足（欠乏）する。これらの物質を、養殖場で実際に使われている餌に添加し、洗濯桶の中の魚に給餌して、その成長率、飼料効率などを三週間にわたって比較した。

このように書くと、簡単な実験だが、実は全くそうではない。なぜなら、停電がしばしばあり、給水ポンプが停止するからである。このとき、誰もいないと、一〇分程度で魚は酸素欠乏で死亡する。停電したら、電気が復旧するまで、バケツで揚水し、酸素補給（曝気、エアレーション）をする必要があった。夜は、ろうそくの灯火の下でこれを行なった。だから、実験期間中は、現場を離れることができず、したがって、帰宅もできなかった。実験が完了してデータが取れるまで、何時も油断できなかった。

この最初の実験のときは、まだ配属先からの（実験に対する）理解も協力も得られず、発電機もなく、大変だった。理解を得るための実験だったのだ。だから、この実験だけは、何としても成功させなければならなかった。こうして、国内初の養殖実験が、水産公団の一室でひっそりと始まった。

頻繁に起こる停電のため、実験状態が非常に悪かったが、何とか魚を死なせずに、データを取ることができた。その実験結果を、英文のタイプライター（インクリボンで打刻する方式）で打って、最初の実験報告書（図表も含めて7ページ）として、水産公団総裁宛に郵送した。

レポートのタイトルは、『Improvement Study for Domestic Feeds-I』（国産飼料の改善試験1）。そのレポートで、リンを添加したグループの成長と飼料効率が改善されたことを報告した。しかし、停電による飼育条件の悪さから、成長率自体が全体的に悪く、もう一度実験を繰り返し、確認する必要があった。

第二回目の実験は、リンだけに的を絞って、三種類のリン酸塩の効果を、少し飼育期間を長くして実験した。期間が長くとれたのは、実験途中で、ようやく水産公団本部から、小型発電機を調達できたからである。ただ、停電から発電機への切り替えは手動なので、やはり実験期間中は、そこを離れるわけにはいかない。

そこで、実験室のとなりに、ベッド、シャワー、台所などを設置してもらい、24時間監視下（泊り込み）で、実験を遂行できるようにした。第二回目の実験では、正確なデータを取ることができた。その結果も、水産公団の総裁、生産部長、企画部長などに実験報告書として提出した。

その報告書の内容を要約すると、「現在、国内の養殖場で使用されている飼料に、リンを添加するだけで、成長率が5倍になります」というものだった。リンの添加が、著しく効果的であることを数字で証明したのである。なお、飼料の分析結果では、リンは必要量の2倍近くも含まれていた。しかし、その消化吸収率が低いために、魚は慢性的なリン欠乏に陥り、成長不良や骨格異常を呈していたのである。

リンをエサに少し添加するだけで、成長が5倍というのは、信じられない話（誇張）のように聞こえるかもしれない。しかし、実際にそれだけの効果があった。成長だけでなく、魚の体色や活力なども、見違えるように良くなった。実験魚の計測をしながら「ガッツポーズ」をするほど、よいデータがとれた。こうなると、報告書を書くのも、楽しくて仕方がない。

砂漠で完全燃焼

現場人間はみな頑固だ。長年の失敗によって鍛えられた経験的人間だから当然だ。口先の理論や、学者の知識をそのまま信用するほど愚かではない。実際に見せなければ、技術が有効か適正か、納得も信用もしない（できない）。失敗すれば、自分が路頭に迷うか、責任を取る事になるのだから、当然だ。

着任して間もない（まだ右も左も良く分かっていない）若造の私がする〝指導〟や〝助言〟など、「信用度も効果も怪しい」と疑われて当たり前。適当にあしらわれても仕方ない。実際、水産公団には、欧州で、水産学の修士や獣医の資格を取得した者も数名いたからである。

しかし、上記のように、実験とデータで「証明」したものは、もはや信用度云々のレベルではなく、「強制力」を有することが分かった。私はこのようにして、総裁はじめ幹部の人々を動かすことができた。公団本部で定期的に行われる総会にも参加し、このような現場の問題を解決するための「パイロット試験」と、それを行なうコントロールタワー（管制塔）としての試験場が必要であることを説いた。

私の駐在した支部は、水産公団本部から車で約6時間離れていたが、私の実験結果は報告書となり、国内全ての養魚場に反映され、全体を変えていった。私のいた支部だけを見ても、養殖生産量は、私が着任した翌年には前年比で5倍に増加し、その翌年には（規模の拡張もあって）更にその5倍に増加した。奇形魚はいなくなり、魚の体色も断然良くなった。養殖生産量が急激に増加したので、売り切るのに困っていたくらいである。

実験は、リンの添加効果以外にも、いろいろと行なった。制限アミノ酸の補足効果、ビタミン類や微量元素の添加効果、飼料のpHや代替タンパク源の試験など、試験報告書（レポート）は、全部で9報（各々一〇頁程度）になった。その一つひとつが、1～2ヶ月単位の試験で、リン以外にもいくつか成長改善効果が認められた。

例えば、家畜の血液は、非常に高タンパクで消化も良い。ただアミノ酸組成に問題があるため、多く配合することはできない。それでも、制限アミノ酸が補足できることや、現地飼料のタンパク含量自体が非常に低いことから、少量の添加でもその効果は期待できた。この原料を手に入れるため、同僚と朝早く、町はずれの屠殺場に行った。

そこでは、イスラムの慣習に則って、ヒツジの首を切って血を抜く作業をしていた。ヒツジは、のど元を切られるまで、実に大人しくしている。これから殺されるというのに、全く抵抗しないのだ。観念しているのか、死ぬのが恐くないのか、それとも殺されることを知らないのか。のどを切られると、少し足をバタバタする子もいるが、何とも静かな最期だ。のど元から吹き出る鮮血をバケツで受けながら、私はヒツジの最期を看取っていた。

バケツに採った血は、すぐに凝固して、赤コンニャクのようになった。それを実験室に持ち帰り、試験飼料を作った。生（なま）の血をそのままエサに混ぜる方法、高温で乾燥させる方法、酸やアルカリを加えて加熱処理する方法など、原料の加工処理条件もあわせて実験した。そして予想どおり、エサに血を添加することで、魚の成長はかなり改善された。

ところが、ここで予期しなかった問題が……。家畜の血液（これは宗教上の理由で、肉から除去する必要がある）を、エサにして魚を養殖すると、養殖魚に血液（の毒）が移り、血液を食べているのと同じことになるのではないか、というものである。本当のところは分からなかったが、ムスリムの同僚たちが言うには、「血はエサにしないほうがよい」ということになった。せっかく効果があったのに、残念な横やりとなった。

日本の養魚飼料には、魚粉が多く使われているので、魚粉を作ってエサの原料にする、という実験もした。現地の湖で多く採れる雑魚（10 ㎝ぐらいの淡水性のボラ）を天日乾燥して魚粉を作り、エサに配合して実験した。これも予想どおり、魚の成長は大幅に改善された。しかし、現地で魚粉を使うこと自体、無理なことだ。たとえ雑魚であっても、そのまま人間の食用になるからである。

日本では、ブリもマグロも、約10 kgのエサ（イワシ、サバなど）を食べさせると、1 kg体重が増加する。すなわち、「十分の一」になってしまう。これが日本の養殖だ（養殖のイメージダウンになるので、一般に知らされていないが）。食料不足の途上国で、このような養殖が成り立つはずがない。実は、魚粉を使って実験した理由は、日本式のエサと、シリアで製造できる（魚粉を含まない）エサとで、魚の成長率の差を比較するためであった。

現地で安く手に入る原料を使う――これは適正技術の鉄則である。日本から高価な機器や消耗品（材料、原料、薬品など）を調達すれば、一時的に成功しても、現地に根付く技術にはならない。だから、現地にあるものだけで技術改善を図らなければならない。そして、そのための小規模な実験、すなわち適正技術の開発研究が必要であった。そのような実験をもとに、現場に適切な指示・指導をする「試験場」の必要性は、明白であった。

先に述べたリン酸塩にしても、5種類のものを検討した。飼料用から肥料用まで、価格も成分も違うからだ。すなわち、どれを使ったらよいか、実験しなければ分からない。同時に、実験室では、様々な分析も行なった。まず、どの分析にも蒸留水が必要だから、蒸留水製造装置を自作した。タンパク質の分析（ケルダール法）に必要なドラフトがないので、屋外で分析した。フラスコやビーカーの代わりに、牛乳ビンを用いた、等々。
また、先に述べた9報の実験報告書を補う目的で、データマニュアル『Carp Nutrition』（英文・A４版・一五〇頁）を作成した。コイの飼料製造に有用な研究知見（給餌率、消化率、栄養要求、欠乏症、成分表など）を、関連する論文や、専門書などから抜粋し、全て「表と図」にまとめたものである。このデータマニュアルが完成した時点で、私の活動は、すべて終了した。

思えば、このような協力活動は、当初全く考えていなかった。赴任前に計画していたことは、「最初の二〜三ヶ月は、仕事をしない」ということ、そして、その間に「何が問題なのか、よく観察し、見極める」ということであった。その結果、上記のような小規模の実験――現場の問題を解決するための実験――が必要だと判断した。最初は、何の理解も協力も得られなかった。だが、こうして現場の主要な問題を無事解決することができた。「問題を見極める」のは、恐らく一番重要な仕事だ。しかし、現場経験や専門知識・技術のない者は、問題があっても、その問題が見えない。だから「仕事がない」（やることがない）と錯覚してしまう。「言われた事はきちんとやるが、言われなければ何もしない、何をしてよいのか分からない」ということでは、日本では通用しても、途上国では途方に暮れてしまう。

現場経験のある者は、問題の「核」が見えるはずだ。経験のない者は、表面の（分かりきった）問題しか見えない。それは、勤務態度（責任感、やる気など）の問題、文化や習慣の違いなど……。問題には違いないが、革命でも起きない限り、どうにもならないことだ。そのような「自分の力では、どうにもならない（できない）問題」を取り上げて、批判ばかりしていても、何の意味もない、何も正当化されない。だから、自分にできる仕事を見つけなければならない。それが一番重要なことだ。

自分にできる仕事が見つからない場合、（成り行きで）現地の労働者と一緒に肉体労働に従事し、「一労働者」として奉仕することになる（良く言えば、一緒に汗を流す）。これは、友好親善（国際交流）としては、評価できる。しかし、技術協力としては、実にお粗末だ。技術者ならば、自分の専門性と経験をもって、最も重要な問題点は何か、見極める責任がある。そして、日本の近代的な方法ではなく、現地に根付く適正技術を考案・普及することが求められる。

もし、問題点が分かっていれば、現地の人間だけで、とっくに解決しているはずだ。何が問題なのか分かってないから、上手くいってないのだ。これは、体の病気と同じだ。何が原因なのか、まずは正しく診断しなければ、適切な治療ができない。何が問題なのか、それが分かれば、半分解決したようなものだ。問題点を正確に見極める目が必要である。

さて、こうした私の活動が、現地でどのように評価されたか？　これは重要な点だ。残念ながら（少なくとも私の滞在中は）、明らかに逆風だった。「実験の必要性」を巡って、私は、直属の上司（場長）と対立していたのだ。何度説明しても、「実験など無意味だ」という上司。対して、「実験こそが最重要」と主張する私。そして、上司にたてつく私に、いらだつ上司。両者の距離は、平行線のままであった。

お互いに顔を合わせても、無視する関係となり、私は強硬的に実験に踏み切ったのである。もちろん、理解なし（協力なし）のもと、すべて私一人で行なうことになった。私の三年間の活動は、友好親善と言う意味では、決して成功ではなかった。

幸い、水産公団本部との関係は良好で、報告書を通して、私の活動に一定の理解も得られていた（だから、上司は私の活動を容認せざるを得なかった）。

事の良し悪しはともかく、このような逆風の中で、何とか上記の実績を出せたことは、大いなる自信となったことは疑う余地もない。すなわち、回顧的に言えば、私は、この上司に鍛えられた（私にとって、大きなプラスの経験になった）のである。

戦争が始まる

ある日の朝十時頃、いつものように仕事（実験・分析）をしていると、同僚が呼びに来た。首都ダマスカスから電話らしい。どうしたんだろう？　ダマスカスからここまで、長距離電話は、なかなか通じないはずだ。半信半疑のまま電話を取ると、ダマスカスのＪＩＣＡ事務所からだ。どうしたんだろう？　まだ電話の意味が分からない。

私　あ・どうも、お久しぶりです。どうしたんですか？

ダマスカス　明日、全員、国外退去するから、すぐにダマスカスまで出て来なさい。

私　ハア？　国外退去!?　一体、どうしたんですか？　何があったんですか？

ダマスカス　戦争が始まる。（日本の）外務省から、日本人全員に退去勧告が出された。だから、今すぐ出て来なさい。

私　ちょっと・待ってください。そんなことは、できません。いま実験中です。ここで中断は、できません。

ダマスカス　何を言ってるんだ。これは非常事態だ。もう日本人は殆ど退去してる。我々も、もう脱出する。

私　そんな急に言われても……。先に行ってください。私は大丈夫、ここに残ります。置いて行ってください。

ダマスカス　何を言ってるんだ。そんなことが、できるわけないだろ。いいか、これは命令です。すぐに出て来なさい。

「分かりました」と言ったかどうか、覚えていない。ただ、気がつくと、もう夜になっていた。命令を無視したら、どうなるだろう？　多くの人に迷惑かけるだろうな。ほんとに戦争が始まるのかな。始まったら、ヤバイかな。もしかして殉職？　いろいろなことを、グルグルと何時間も考えていたようだ。結局、実験を中止して、その日の夜行バスで、ダマスカスに向かった。

何ヶ月ぶりだろう。日本人の仲間に会えて嬉しいはずなのに、気分が滅入っていて、何も楽しくはない。その翌日、国外脱出のため、ダマスカスから避難先のカイロ（エジプト）に向かう。すぐ近くなのに、直行便がない。航空会社が、中東地区のフライトを殆どキャンセルしたためだ。仕方なく、パリ（フランス）経由で、カイロに向かう。狭いＶ字型ルートだ。

空港で、飛行機の待ち時間に、仲間の隊員が（日本の）魚の煮干しを分けてくれた。

「旨いなあ」――日本の味がした。カイロに到着したその夜、湾岸戦争が始まった。

ユーフラテスの人々

日本人はよく働く。外国人より、ずっと一所懸命仕事をする。勤勉に働いてきたから、日本は戦後、経済発展し、急成長を遂げることができた。戦後僅か四十年足らずで、途上国から先進国へと発展したのだ。途上国と言われる国々も、日本を見習って、もっと一所懸命働けばよいのだ。いくら技術協力した所で、何の意味がある。一所懸命に仕事をするという事が、一番大切だ。最も必要なのは、技術や予算ではなく、勤勉に働くよう「意識改革」をすることだ。私はシリアに赴任するまで、このように考えていた。

だから、駒ヶ根訓練所で中田先生（ＮＧＯ「風の学校」主宰、当時八十二歳）の講義を受けたときも、先生が適正技術のこと（よく切れる鎌の開発・普及、イピルイピルなど）

ばかり強調されていたので、「適正技術と同時に、意識改革のほうも進めなければならないと思うが、どうすればよいか？」という質問をした（講義終了時の紙質問）。

するとと中田先生は、少し間を置いて、「意識改革は、やろうと思ってできるものではない。何十年もかかって、やっと少し変わるかどうか、というほどのものです」とおっしゃった。意識改革無くして（技術協力だけで）、国は本当に発展できるのか？　そのとき、私は正直なところ、懐疑の念を抱いていた。

確かに（日本人に比べて）むこうの人間は、仕事熱心ではない。私が勤めたのは国の機関（つまり同僚は公務員）であったから、余計にそう感じたのだろう。仕事も恐ろしく非効率的で、ゆっくりしている。「ブックラ」（明日）を口癖のように多用する。

日本人のように、時計に追いかけられながら仕事をこなす者にとって、むこうの人間の勤務態度は、遅く苛立たしい。一時間で済むことを、一日、いや一週間かかってやっている。仕事をするよりも、言い訳をする（できない理由を考える）のに一所懸命だ。こうしたことは、現地の人間も言っていたことだ。「私は日本人が好きだ。余り話すことなく、確実に仕事をする。だが、この国の人間は、喋っているか、寝ているばかりだ。どうにもならん」

これではダメだ。技術や予算の問題ではなく、勤労意欲の問題だ。こんな所にいくら協力したところで、何にもならない。革命でも起きない限り、何も変わらない。そんな憤りを感じていた。私だけが、やる気になって、当人たちがこんな状態では、バカバカしくもなる。活動を開始してから、ますます意識改革の必要性を感じていた。

「現地に溶け込む?」「郷に入れは郷に従え?」――私までやる気を無くして、ダラダラしろというのか? そんな戯言(たわごと)は、現場を知らない人間の妄想にすぎない、と認識するようになった。

溶け込んだらダメだ。何もしないで、何もできないで過ごすことになる。溶け込むことで、友達は沢山できる。楽しくラクに過ごせる。国際交流も上手くいく。旅行者や親善大使なら、それでよい。しかし、溶け込んだら「仕事」はできない。溶け込んだら、意識改革などできない。口先で「日本人は働き者だ、勤勉だ」と説いている本人が、彼らと同じペースで、お茶を飲み、のんびりしていては、何の説得力があろうか。

意識改革が「最重要」と考えていた私は、日本人として仕事に徹することにした。日本人の「仕事ぶり」を自ら示す(見せる)ことで、現地の人々の意識改革を図ろうとしたのである。

その頃、日本では「過労死」が深刻な社会問題となっていた。過労死するほど働く人々によって、日本が戦後発展してきた事や、過労死するほどギリギリに生きている人々の「血税」が、日本の政府開発援助（ＯＤＡ）となり、途上国に配付されている事実を、どうしても伝えたかったのだ。日本で、私に近い人たち（身内、友人、元同僚など）が、まさにそういう状態だったから。

だから私は、このような（余計な？）ことまで、水産公団に「提案書」（英文）として、何度も送りつけた。基本的なこと（仕事に対する意識や姿勢）から改善していかなければ、「何も変わらない」と思ったからである。意識改革をしっかりやって、機能不全の組織体制を、内側から変えなければならない、と初期〜中期の頃は、真面目にそう考えていた。そして、それを全力で実行した。

ところが、活動を進めるにつれて、私自身、考え方が変わってきた。任期の終わり頃には、ほぼ逆転した。発展や開発といった、国際協力の「大義」を疑い始めたのだ。――「もしかして、この国は発展しないほうがいいのではないか？」「そもそも、発展するという事は、いいことなのか？」「発展すると、幸せになれるのか？」「日本人は一所懸命に仕事して、国が発展して、それで、本当に幸せになったのか？」

そう、確かに便利にはなった。しかし、会社のために身を粉にして働き、犬小屋サイズのアパートに住み、子育て問題のため、少子化を余儀なくされ、忙しいから子どもと過ごす時間もなく、地域や血縁のつながりも希薄になり、自殺も精神疾患も多く……。日本は経済発展の結果、多くの社会問題を生じているではないか。

だが、この国は違う。発展はしていないが、「人間の生活」がある。夕方の散歩、井戸端会議、子沢山な家庭、家族や親族との時間がある。そとで顔を合わせば、毎日会っている人とでも握手をする。それが日常の挨拶。日本人のように、目を合わせない（知らないふりをする）のは、「敵」か「精神異常者」だ。こんな日本人の、どこが幸せか？ 日本を見習え？ 最初のころ抱いていたそんな考えが、稚拙で恥ずかしくもなった。

この国は、スーパーマーケットもコンビニもない（当時）。町のスーク（市場）で、いつものように買い物をする。顔に（お化粧の）入れ墨をしたおばさんが、土の地べたに座り、地鶏の卵を竹籠に入れて売っている。鶏やウサギは、生きたまま売っている。肉はヒツジ肉で、胴体からの切り売りだ。ヨーグルトもヒツジ製で、バケツに入っている。野菜、果実、豆類などは、木製の荷台に山積みになっている。どれも天秤での計り売りだ。木製の荷車を引くロバ、通り過ぎるヒツジの群れ、乾いた鈴の音、砂ぼこり、……。

多分、この人たちは、こういう生活を「何千年も」殆ど変えることなく続けているのだろう。今、こうして目を閉じている僅か数秒の間に、二千年の時をさかのぼったとしても、私は多分、その違いに気が付かないだろう。もしかしたら、私はいま、この遠い地で、遠い時代を「時間旅行」しているのかもしれない。

どうして、変わらなければいけないのか？　どうして、発展しなければいけないのか？　日本のように発展して、この人たちは幸せになれるのか？

変わらないこと——それが一番尊いことかもしれない。この国を、この人たちを変えようとして、こんな遠くまでやってきた私は、一体何者なのだ。こんな所まで、何をしに来た？　自分のいる意味が、分からなくなっていた。この国は、このまま何も変わらないほうがいい。いつの間にか、そう願っていた。

ユーフラテス川畔で、アッラーに導かれ、日々ゆっくりと暮らす人々——それは、幸福な生き方のように思える。この人たちを、開発や発展の波から守りたい。三年の任期を終えるとき、私は確かにそう願っていた。

遠い砂漠の地で、ひとりで生活し、仕事をしていく中で、本当に多くのことを考えた。最初の二〜三ヶ月は、困惑や不便など、ネガティブな環境の中にありながらも、双方のウエルカムムードに包まれ、楽しい時間を過ごした。その後、次第に分かり合えない苛立ちを感じるようになり、異文化との格闘の日々が続いた。この格闘は、「仕事」という任務があったから、強く現れたのだろう。旅行者だったら、格闘などせずに済んだだろう。そもそも格闘する理由もない。そんな悪戦苦闘が二年近く続いたあと、ようやく異文化を理解し、受け入れる段階に至った。

異文化の中で暮らし、仕事をし、年月が経つにつれて、当初抱いていたネガティブな感覚は、全てポジティブなものに変わった。自分が変わったのだろう。あの嘔吐風味の食べ物でさえ、本当に美味しいと思うようになった。仕事意識の問題も、批判から理解、共感へと変わっていった。当初、物事を一面でしか見ていなかったのが、多面的に見る能力がついたのかもしれない。

人も文化も、一見して分かるようなものではなく、表面の見える部分だけでは、良くも悪くも、誤解が大半なのだろう。特に、人生経験に乏しい者は、見える部分（分かりきった部分）しか見えない。その、表面の一点だけを見て、人を、世間を、物事を決め付け、批判していた、それまでの自分が、大人の姿をした幼児のようで、恥かしくなった。

砂漠の中で、一人で暮らして得た教訓は何だろう？　何か、非常に多くの教訓を得た気がするが、あえて一つ挙げるとすれば？　それは、人としての本質的なところは、人種や宗教を超えて、皆同じだということだろう。困っている人がいれば、助けるという「人としての倫理」が、こんな異国の僻地にも、確かにあった。

それを、知識としてではなく、自らの経験から悟ったとき、世界がとても小さくなった。人間みんな同じなのだ。私は世界中どこでも、言葉が分からなくても、人がいるところなら、生きていける――そう思えるようになった。シリアに住んで多くのことを学んだ。それらは知識のようなものではなく、人生観に関わることが多かったように思う。日本人の私は、この遠い砂漠の地で、一度死んだのではないか。そんな気がしている。

自分とは何か？（あとがきに代えて）

以上は、約三十年前に書いた報告書からの抜粋である。シリアでの任務を終えたこの時点では、いまだ多くの出来事（経験）が、自分の中で〝漂流〟した状態だった。しかし、「これからどうするか」（将来の針路）は、この時点で、明確になっていた。それは、「人間の食べられないゴミのような原材料を使って、養殖用のエサを作る」ということ。世界中が必要としているこの課題に対し、もっと豊富な専門知識と技術で真剣に取り組みたい、という思いが固まっていた。

日本に帰ると、米国の大学院に入るための勉強に、日夜専念した。また、米国の（見ず知らずの）大学教授数名に、突然手紙を出し、「途上国で役に立つエサの研究をしたい」という思いを伝えた。その決意に満ちた文書は、尋常ならぬ内容だったと記憶している。以来、今日に至るまで、私のやっている研究／仕事は、当時と変わっていない。

長々と、退屈な昔話をしてしまった。それにしても、こうして書くと、私が（精神的・肉体的に）強者のように聞こえるかもしれない。実は全くそうではない。私を知る小中高の同級生などは、昔の私と、今の私が、同一人物だと信じる者はいないだろう。

当時の私といえば（クラスを一枚のピザに例えると）、ピザが次々に切り分けられ、具材が多く乗っているスライスから、順に取られていくうちに、そこからこぼれ落ちたオリーブとかピーマンの破片のようなもの？

いや、そうではない。そのようなものは、もとはピザの中にあった主役級の具材だから違うのだ。私は最初から最後まで、ピザの外の生徒だった。すなわち、ピザの脇にこぼれ落ちている「青のり」のようなもの――在るのか無いのか分からない存在、在っても無くてもよい存在。誰からも注目されず、おおかた無視されるか、運よく誰かの目に留まった場合は、「ふっ」と一息で吹き飛ばされるゴミのような存在だった。

それが、どういうわけか、外国（中東、米国）にまで吹き飛ばされ、十五年も経ってしまった。いや……、違う。吹き飛ばされたのではない。自分から、そうしたのだ。周囲の反対を押し切って、私は、自ら、海外に飛び出したのだ——恐る恐る——初めて頭からプールに飛び込んだ時のように。

そして、その異文化・異環境の地で、一粒の青のりだった私は、何か「まったく別の生物」になれたようだ。

いま、これを読んでいる青のり君へ。本著の総括として、このメッセージを届けたい。

「洞窟の外の環境は、あなたの人生において、最高の教師となるに違いない。洞窟を出たとき、あなたは『無教育』の呪縛から解き放たれ、本当の自分に生まれ変わるだろう」

杉浦 省三

1964年、愛知県生まれ。ワシントン大学（学術博士、Ph.D.）、ハーバード大学（教育学修士）、ニュージャージー医科大学（専門研究員、非常勤講師）などを経て、現在、滋賀県立大学教授。

父性教育論

二〇二一年四月一〇日　発　行

著　者　杉浦　省三

発行所　丸善プラネット株式会社
〒一〇一－〇〇五一
東京都千代田区神田神保町二－一七
電話　〇三－三五一二－八五一六
http://planet.maruzen.co.jp/

発売所　丸善出版株式会社
〒一〇一－〇〇五一
東京都千代田区神田神保町二－一七
電話　〇三－三五一二－三二五六
https://www.maruzen-publishing.co.jp

印刷・製本　富士美術印刷株式会社

ISBN 978-4-86345-486-6 C0037